LA PRÁCTICA DE LA PRESENCIA DE DIOS EN LA VIDA COTIDIANA

ICHTHYS
47

Colección dirigida por
Francisco José López Sáez

LORENZO DE LA RESURRECCIÓN

LA PRÁCTICA DE LA PRESENCIA DE DIOS
EN LA VIDA COTIDIANA

Dichos, cartas y testimonios

Traducción de
FERNANDO GARCÍA-BARÓ HUARTE

TERCERA EDICIÓN

EDICIONES SÍGUEME
SALAMANCA
2026

Tradujo Fernando García-Baró Huarte
sobre el original francés *Sur la pratique de la présence de Dieu. Maximes et lettres de Laurent de la Résurrection, suivies des témoignages de Joseph de Beaufort*

© *Prólogo* de Stéphane Robert, o.c.d.; *Epílogo* de Marie-Laurent Huet, o.c.d., utilizados con permiso de Éditions Arfuyen
© Ediciones Sígueme S.A.U., 2021
    C/ García Tejado, 23-27 - E-37007 Salamanca / España
    Tel.: (+34) 923 218 203 - ediciones@sigueme.es
    www.sigueme.es

ISBN: 978-84-301-2103-8
Depósito legal: S. 299-2021
Impreso en España / Unión Europea
Imprenta Kadmos, Salamanca

CONTENIDO

[NOTA DE LA EDICIÓN ESPAÑOLA]

Ediciones Sígueme agradece a Éditions Arfuyen (2017) el permiso para publicar su versión, convenientemente adaptada a la lengua de Cervantes. Los escritos del hermano Lorenzo de la Resurrección han sido reproducidos según las ediciones originales que publicó el P. Joseph de Beaufort allá por 1692 en París, y dos años después en Châlons-en-Champagne.

También a nosotros nos ha parecido preferible publicar en primer lugar los escritos que se conservan del hermano Lorenzo (*Dichos espirituales* y *Cartas*), y seguidamente los testimonios del P. de Beaufort (*Conversaciones*, *Elogio* y *Costumbres*), que acompañaban a aquellas dos ediciones príncipes.

Los textos reproducidos como prólogo y epílogo son resúmenes de los artículos dos eruditos carmelitas franceses publicaron en la revista *Carmel*, de Toulouse, en 2011 y 2014. El primero es de Stéphane Robert (Carmel 141) y, el segundo, de Marie-Laurent Huet (Carmel 151). Nuestro agradecimiento a ambos autores se une al deseo de dar a conocer la figura y la espiritualidad del hermano Lorenzo de la Resurrección, insigne y humilde carmelita que mantiene su vigencia después de cuatro siglos.

Al acercarse a sus sencillos escritos, se aprecia el influjo fecundo de Teresa de Jesús y de Juan de la Cruz, cumbres de la mejor espiritualidad cristiana, así como del legado precioso que los hombres y mujeres del Carmelo han transmitido a la Iglesia universal.

Un siglo después, en las estepas de Rusia, apareció otro monje sencillo que con su enseñanza, a través del acompañamiento espiritual, renovó la vida cristiana rusa. Serafín de Sarov es, en otro siglo y otra latitud, un hermano gemelo de Lorenzo de la Resurrección. Ambos representan a la mejor y más discreta Iglesia, porque han sabido, desde la aparente irrelevancia social, renovar a una humanidad que anhela maestros y guías verdaderos.

También en este siglo XXI los mejores seguidores de Jesús pasan desapercibidos. Y, sin embargo, mantienen la esperanza de los creyentes y encarnan la discreción actuante del Espíritu del Señor en la vida de cada día.

PRÓLOGO

STÉPHANE ROBERT

VIDA Y VOCACIÓN

El que en el mundo era conocido como Nicolás Herman (1614-1691) procedía de la región francesa de Lorena. En su pueblo natal, Hérimil, situado entre Nancy y los Vosgos, pasó su juventud. Aquella zona estaba habitada por campesinos dedicados a la explotación agrícola y forestal. La aspereza del clima hacía penoso el trabajo.

Allá por 1631, el ducado libre de Lorena se enfrentó militarmente a Francia. Fue uno más de los enfrentamientos conocidos como *Guerra de los Treinta Años*, que desestabilizaron a muchos de los estados alemanes y dejaron sentir sus efectos en las naciones vecinas. En aquel escenario, Nicolás se incorporó al ejército, aunque a los tres años se vio obligado a regresar a su pueblo por causa de las heridas sufridas en combate. Fue justamente entonces cuando sintió la llamada interior de Dios a consagrar su vida.

Aquella experiencia vocacional, apenas cumplidos los dieciocho años, dejó en él una profunda huella. La visión de un árbol desnudo durante el invierno le hizo imaginar cómo sería en primavera; tuvo la certeza de que cambiaría por completo de aspecto en muy poco tiempo, y entendió que ese árbol representaba su propia transformación interior. Más aún, si la fuerza de Dios, así manifestada en la creación, llega a maravillarnos de ese modo, Él debe tener, sin ninguna duda, un proyecto mucho mayor para cada ser humano, creado a su imagen y semejanza.

Este relato de conversión y de vocación se cuenta al comienzo de las «conversaciones» entre el hermano Lorenzo y su futuro biógrafo, el P. Joseph de Beaufort. Aquella visión del árbol, de una sencillez desconcertante, no impulsó de inmediato al joven a seguir su vocación, pero quedará grabado en su memoria y lo interpretará más tarde como una manifestación divina que lo invita amorosamente a seguirlo.

Con veintiséis años lo vemos ya de hermano lego en el gran convento parisino de los Carmelitas Descalzos[1]. El hecho de que un tío suyo fuera allí hermano lego constituyó, sin ninguna duda, un poderoso aliciente para tomar la decisión de ingresar en dicha Orden.

Tras su noviciado, Nicolás se convierte en el hermano Lorenzo de la Resurrección, que recibe la encomienda de trabajar en las cocinas del convento; esta tarea, en la que llegará a ser cocinero jefe, se prolongará durante quince años. A continuación, es destinado a la zapatería y a la gestión del aprovisionamiento del vino. Su buen desempeño en las distintas responsabilidades explica que viviera sin especiales conflictos en aquel cenobio durante medio siglo.

Los numerosos quehaceres de los hermanos legos ponen de manifiesto el aprecio del «trabajo» que se realiza en lo oculto por amor a Dios. Por su parte, Lorenzo se deja trabajar en profundidad por el Señor. En sus escritos no esconde ni sus dificultades espirituales ni sus sufrimientos físicos, pero tampoco se expresa con afectación, de modo que su relato lleva el sello de la autenticidad. Es muy probable, en este sentido, que se haya beneficiado de las enseñanzas espirituales de algunas grandes figuras que viven en su convento, entre otras el P. Cipriano de la Natividad, traductor de las obras de san Juan de la Cruz.

A lo largo de sus años de vida religiosa Lorenzo desarrolla una «práctica de la presencia de Dios» que dejará una huella profunda en su propia vida de oración. Fruto de aquella expe-

---

1. Se trata del actual Instituto Católico de París.

riencia, el hermano Lorenzo dirigirá espiritualmente a numerosas personas durante el último tercio de su vida. Una de ellas, el sacerdote secular Joseph de Beaufort, quedó tan impresionado que, tras la muerte del santo varón, publicará los pocos escritos que encuentra y redactará dos breves semblanzas y sus conversaciones con él.

LA PRESENCIA DE DIOS

La espiritualidad de Lorenzo puede ser descrita, en palabras suyas, como «la conversación continua con Dios» (*Carta* II, p. 43). Pero siendo como es un hombre práctico, se entiende bien que añada que hemos de «aprovechar todas las obras de nuestro oficio para servir [a Dios] y mantener su presencia en nosotros» (*Costumbres*, p. 131). Por otra parte, ha hecho suya la tradición carmelitana cuando confiesa: «No se necesita finura ni ciencia para ir a Dios, sino solo un corazón resuelto a dedicarse únicamente a Él y a entregarse a Él y a no amar nada más que a Él» (*Conversaciones* III, p. 93)[2].

Según afirma en sus *Dichos espirituales*, la presencia de Dios equivale a la oración de mera mirada, que «es la más santa, la más sólida, la más fácil y la más eficaz forma de oración» (*Dichos* V, p. 34). Ahora bien, preocupado como está por unir la oración mental con las ocupaciones de su estado, recomienda a sus dirigidos, en primera persona, que «mientras realizamos nuestro trabajo y el resto de nuestras actividades, mientras nos dedicamos a leer o a escribir, incluso sobre asuntos espirituales [...], debemos parar un instante, todo lo a menudo que sea posible, para adorar a Dios desde la intimidad de nuestro corazón y disfrutar de Él aunque sea de pasada y como a hurtadillas» (*Dichos* I, p. 24).

---

2. Como eco a Teresa de Jesús, que escribía: «No está en pensar mucho, sino en amar mucho» (*Fundaciones* 5, 2). En el esquema de la gran santa de Ávila, el ejercicio de la presencia de Dios equivaldría al recogimiento activo de las *Moradas terceras*, aunque la experiencia de esta presencia se sitúa mucho más lejos, allí donde el Espíritu Santo toma el relevo.

Nuestro protagonista precisa en sus *Cartas* que la presencia actual del Señor puede definirse como una «conversación muda y secreta con Dios» (*Carta* V, p. 51). Admite asimismo que en otras ocasiones practica la oración de recogimiento sin esfuerzo y sin atenerse a método alguno, lo cual generalmente es signo de progreso.

Aconseja además no discurrir en exceso durante la oración, procurando «no dejar que [el espíritu] levante demasiado el vuelo durante el día», a fin de que resulte «fácil mantenerlo sereno durante las oraciones» (*Carta* VIII, p. 57s). Señala, por último, que «tenemos que habituarnos a conversar familiar, humilde y amorosamente» con Dios (*Carta* XV, p. 71).

La experiencia de Lorenzo le permite afirmar que, en la oración, «los pensamientos lo echan todo a perder» (*Conversaciones* II, p. 88). Decididamente, él no estaba hecho para el razonamiento discursivo, y sabía bien que nunca llegaría a hacer oración ateniéndose a reglas y métodos. Para él, el tiempo de la oración no es diferente del tiempo de la acción (cf. *Conversaciones* IV, p. 96), puesto que, de una u otra manera, el tiempo dedicado a las actividades pertenece también a Dios. No hay aquí ninguna búsqueda de sí mismo.

La vida de oración se refina y se simplifica con el tiempo. Los consejos de Lorenzo se mezclan a menudo con la confidencia del combate que libran tantas almas de oración: «Hallé no poco sufrimiento –confiesa– en este ejercicio, en el que perseveraba a pesar de todas las dificultades que me salían al paso, sin alterarme ni preocuparme cuando me distraía sin querer» (*Carta* XII, p. 65s).

Para permanecer en la vida espiritual hay que perseverar en la oración. Los místicos nos enseñan a no desanimarnos. Según cuenta su biógrafo, el hermano Lorenzo pasó por etapas en las que no encontraba «ningún gusto en la oración, ningún alivio para sus penas [...], de manera que la fe desnuda era su único apoyo» (*Elogio*, p. 107). Aun así, mantuvo a lo largo de su vida la perseverancia y el coraje, pues «en lo más intenso de sus penas siguió recurriendo a la oración, al ejercicio de la presencia de Dios, a la práctica de todas las virtudes» (*ibid.*). Fue ante el Santísimo, a veces durante largas visitas, donde aprendió a «permanecer amorosamente unido a su voluntad» (*ibid.*), e incluso a sufrir por amor a Dios.

EL EJERCICIO DE LA CARIDAD FRENTE A LA TENTACIÓN DE LA PASIVIDAD

Es cierto que el corazón mismo de la práctica de la presencia de Dios consiste en «gustar de su divina compañía y acostumbrarse a ella, hablando humildemente y conversando amorosamente con Él en todo tiempo, en cada instante, sin regla ni medida» (*Dichos* II, 25). Ahora bien, no pensemos que la sencillez de alguien como el hermano Lorenzo es pura dejadez o, peor aún, quietismo. No se da aquí rechazo de la ascesis ni del esfuerzo, de la moral ni del magisterio, de los sacramentos ni de la mediación de Cristo. Una sencilla frase de Lorenzo lo explica: «Nuestra santificación no depende de que cambiemos nuestras obras, sino de que hagamos por Dios lo que hacemos normalmente por nosotros mismos» (*Conversaciones* IV, p. 95).

Si la aplicación es la regla de oro para realizar una tarea encomendada, ¿por qué no prepararnos con el mismo cuidado al encuentro con Dios? Lorenzo, a semejanza del insigne Juan Casiano, pone como condición previa una gran pureza de vida (*Máxima* 27).

No obstante, y más allá de nuestros esfuerzos, Dios siempre es más grande que nuestras obras, e incluso más grande que sus propias obras. Sirva como ejemplo recordar que Lorenzo aborrecía el oficio de la cocina, pero a la vez confesaba lo siguiente: «En el trajín de la cocina [...] poseo a Dios con el mismo sosiego que si estuviera de rodillas ante el Santísimo Sacramento» (*Costumbres*, p. 130)[3]. Para él, «resultaba indi-

---

3. Resuena en esta idea la misma que santa Teresa ha hecho ya clásica, cuando tranquiliza a sus hermanas diciendo: «También entre los pucheros anda el Señor» (*Fundaciones*, 5, 8).

ferente ocuparse de una cosa o de otra, con tal de hacerla por Dios. Lo miraba a Él y no a la cosa» (*Costumbres*, p. 133). Lorenzo nos enseña a amar a Dios de una forma completamente desinteresada. Lo ama porque está prendado de Él, cautivado por su infinita perfección; lo ama por Él mismo, sin esperar ningún provecho.

Al final de su vida, en la última carta que se conserva de él, reafirma una convicción que atraviesa la totalidad de sus escritos: «No nos limitemos a buscar o a amar a Dios por las gracias que nos ha dado, por muy elevadas que sean, o por aquellas que pueda darnos. Esos favores, por muy grandes que sean, nunca nos acercarán tanto a Él como nos acerca simplemente la fe. Busquémoslo a menudo mediante esta virtud» (*Carta* XVI, p. 73).

¿Y cuál es la tarea de todo cristiano, la vocación a la que ha sido llamado? Lorenzo responde a este interrogante justo antes de morir, y lo hace a modo de confesión y de legado: «Hago lo que haré por toda la eternidad: bendigo a Dios, alabo a Dios, lo adoro y lo amo con todo mi corazón. Tal es nuestro oficio, hermanos míos: adorar a Dios y amarlo, sin preocuparnos de lo demás» (*Elogio*, p. 122).

En el fondo, la espiritualidad que caracteriza a Lorenzo no pretende ser original. Su intención se basa en la presencia inmensa de Dios, una presencia objetiva y universal. Confía en Dios, se abandona en todo, lo toma por maestro y amigo: «Miré a Dios como término y fin de todos los pensamientos y afectos de mi alma» (*Elogio*, p. 108).

Su biógrafo encontró una forma de describir el pensamiento de Lorenzo parafraseando a Gregorio Magno: «El mundo le parece muy pequeño a un alma que contempla las grandezas de Dios» (*Elogio*, p. 108). Esto no conduce a rechazar a la criatura, a la que no se podría amar como un fin. El ejercicio de la presencia de Dios se vive en el seno del cuerpo eclesial, donde la comunión debe ir perfeccionándose también entre sus miembros.

UNA VÍA Y UN MENSAJE ACTUALES

¿A qué se debe que Lorenzo de la Resurrección sea tan estimado todavía hoy, e incluso resulte tan actual? Tendríamos que dar una triple respuesta. En primer lugar, por la sencillez de su estilo. Lorenzo no era ni un intelectual ni un literato; sus palabras nos llegan sin rodeos ni sutilezas, de un modo franco. Escribe a una religiosa: «No es usted la única a la que agitan los pensamientos» (*Carta* VIII, p. 57). Asimismo, contesta a una señora en estos términos: «No es necesario estar siempre en la iglesia para estar con Dios; podemos hacer de nuestro corazón un oratorio en el que retirarnos de vez en cuando para conversar con Él dulce, humilde y amorosamente» (*Carta* IV, p. 47). Y a la misma le espeta: «Ánimo, nos queda poco tiempo de vida: usted ya tiene casi sesenta y cuatro años, y yo me acerco a los ochenta» (*ibid.*).

En segundo lugar, Lorenzo es un hombre corriente, humilde, sin pretensiones, asaltado por las mismas dificultades que todos experimentamos. Él las asume, lucha por hallar su camino en la vida, tropieza y cae, pero encuentra medios para levantarse. Y, sobre todo, fija su mirada interior, a través de las distintas vicisitudes, en la meta última de la vida: conocer y amar a Dios a fin de ser digno de la unión celestial con Él en la eternidad.

Esta convicción nos lleva hacia un tercer elemento que explica el atractivo universal que ejerce nuestro autor. Se trata de una persona que ha encontrado la forma de estar continuamente en presencia de Dios. Basta contemplar el desarrollo de su vida para entender cómo logró adquirir y practicar sin cesar la presencia del Dios vivo. Nada inspira ni enseña tanto como el ejemplo.

En el fondo, este hermano y cocinero místico no ha buscado sino vivir plenamente su gracia bautismal. Lorenzo es el místico de las pequeñas cosas de la vida cotidiana, de las tareas que desempeñamos una y otra vez: cocinar, lavar los platos, limpiar

la casa, hacer la compra, leer, trabajar, rezar, conversar, relacionarse... Lorenzo ayuda a orientar todos estos componentes
de la vida concreta hacia el Señor, con el fin de ofrecérselos a
Él y de realizarlos para su gloria.

INVITACIÓN FINAL

Como buen hijo del Carmelo, Lorenzo sabe que la meta es
la unión de amor con Dios. Y aunque es muy consciente de
que la unión perfecta tan solo puede alcanzarse después de la
muerte, cree firmemente con la Iglesia que podemos aspirar a
un grado muy elevado de unión con el Señor ya en esta vida.
Por esa razón, se ha convertido en exponente y divulgador
de la práctica de la presencia de Dios: en la inmensidad de
la creación, en la eucaristía, en los hermanos, en la intimidad
más personal.

La práctica de la presencia de Dios armoniza estas presen-
cias sin distinción; las abarca todas, porque Dios, en su Hijo
Jesucristo, por medio del Espíritu Santo, está en todas partes
cercano.

A modo de recapitulación, puede decirse que tres son las
formas de oración que resumen bastante bien la vida orante de
cualquier cristiano: la oración de petición, que solemos hacer
espontáneamente; la oración de acción de gracias, que constituye con frecuencia nuestra respuesta; y la oración contempla-
tiva, en la que no buscamos más que estar o mantenernos «con
Dios». Jesús mismo rezó de estas tres maneras.

Pues bien, el ejercicio de la presencia de Dios que preconiza el hermano Lorenzo se sitúa sobre todo en la tercera. Ciertamente, no olvida las dos primeras, pero las desborda, porque,
como escribió Juan de la Cruz en su *Cántico espiritual*: «La
salud del alma es el amor de Dios» (B 11, 11). De ahí brota la
vida del espíritu.

Un teólogo carmelita que ha estudiado el pensamiento de
fray Lorenzo apostilla: «Vivimos en presencia de la mayor
realidad que existe y no hay ninguna distancia entre ella y no-

sotros. Por consiguiente, a Dios hay que buscarlo en nuestra más íntima intimidad. Está allí como nuestro creador, como aquel que, en nosotros, es más verdadero que nosotros mismos; como ese medio nutricio del que obtenemos el ser, el movimiento y la vida»[4].

4. François de Sainte-Marie, *Présence à Dieu et à soi-même*, Paris 1944, 21.

SOBRE LA PRESENCIA DE DIOS

DICHOS ESPIRITUALES
DEL HERMANO LORENZO
PARA ADQUIRIR LA PRESENCIA DE DIOS

I
PRÁCTICAS NECESARIAS PARA ADQUIRIR LA VIDA ESPIRITUAL

La práctica más santa, la más común y la más necesaria en la vida espiritual es la presencia de Dios, es gustar de su divina compañía y habituarse a ella, hablando humildemente y conversando amorosamente con Él en todo tiempo, en cada momento, sin regla ni medida, sobre todo en el tiempo de las tentaciones, de las penas, de las arideces, de los disgustos, e incluso de las infidelidades y de los pecados.

* * *

Tenemos que esforzarnos continuamente para que todas nuestras acciones, sin distinción, sean como pequeñas conversaciones con Dios. Mas no de manera estudiada, sino tal como brotan de un corazón puro y sencillo.

* * *

Tenemos que realizar todas nuestras acciones con peso y medida, sin la impetuosidad y la precipitación que manifiesta una mente extraviada.

Hay que trabajar despacio, tranquila y amorosamente con Dios, y rogarle que acepte nuestro trabajo. Gracias a esta atención continua a Dios torceremos el brazo al demonio y lo desarmaremos.

Mientras realizamos nuestro trabajo y el resto de nuestras actividades, mientras nos dedicamos a leer o a escribir, incluso sobre asuntos espirituales, más aún, mientras practicamos nuestras devociones externas y rezamos nuestras oraciones vocales, debemos parar un instante, todo lo a menudo que sea posible, para adorar a Dios desde la intimidad de nuestro corazón y disfrutar de Él aunque sea de pasada y como a hurtadillas.

Puesto que no ignoráis que Dios está presente ante vosotros durante vuestras acciones, que mora en la intimidad y en el centro de vuestra alma, ¿por qué no dejar de vez en cuando vuestras ocupaciones externas, e incluso vuestras oraciones vocales, para adorarlo interiormente, alabarlo, rogarle, ofrecerle vuestro corazón y darle gracias?

¿Qué puede haber más agradable a Dios que el renunciar así una y mil veces al día a todas las criaturas para retirarnos y adorarlo en nuestro interior? De este modo destruimos el amor propio, que solo puede subsistir entre las criaturas, de las que estas idas y venidas interiores a Dios nos desembarazan sin darnos cuenta.

En resumen, no podemos dar a Dios mayor prueba de nuestra fidelidad que mediante la renuncia y el desasimiento, una y otra vez, de las criaturas para gozar por un momento del Creador.

No pretendo con esto obligaros a abandonar para siempre lo exterior, pues no se puede; pero la prudencia, que es la madre de las virtudes, debe serviros de regla. Sin embargo, digo que es un error corriente entre las personas espirituales el no abandonar de vez en cuando lo exterior para adorar a Dios dentro de sí mismas y para gozar en paz algunos breves momentos de su divina presencia.

La digresión ha sido larga, pues me ha parecido que la materia exigía toda esta explicación, pero volvamos ahora a nuestras prácticas.

* * *

Esta forma de contemplación debe hacerse con fe, creyendo que verdaderamente Dios está en nuestros corazones, que hay que adorarlo, amarlo y servirlo en espíritu y en verdad, que Él ve todo lo que pasa y pasará en nosotros y en todas las criaturas, que Él es independiente de todo y aquel de quien todas las criaturas dependen. Él es infinito en toda clase de perfecciones.

Por su excelencia infinita y su soberanía, merece todo lo que somos y todo lo que está en el cielo y en la tierra, de lo que puede disponer a su gusto en el tiempo y en la eternidad. Le debemos por justicia todos nuestros pensamientos, todas nuestras palabras y todas nuestras acciones. Estamos invitados a entregárselos.

* * *

Tenemos que examinar cuidadosamente qué virtudes son más convenientes, cuáles son más difíciles de adquirir, en qué pecados caemos más a menudo y cuáles son las ocasiones más frecuentes e inevitables de nuestras caídas.

Debemos recurrir a Dios con entera confianza en medio de la lucha. Hemos de permanecer firmes en la presencia de su divina majestad, adorarlo humildemente, volver a presentarle nuestras miserias y nuestras debilidades, pedirle amorosamente el auxilio de su gracia. Solo así hallaremos en Él todas las virtudes, aunque no tengamos ninguna.

II
CÓMO DEBEMOS ADORAR A DIOS
EN ESPÍRITU Y EN VERDAD

A esta pregunta hay que responder de tres maneras. Adorar a Dios en espíritu y en verdad es el modo auténtico de adorarlo.

Dios es espíritu, por consiguiente, hay que adorarlo en espíritu y en verdad, es decir, con una humilde y verdadera adoración de espíritu en la intimidad y en el centro mismo de nuestra alma. Dios es el único que puede ver esta adoración, que podemos repetir tan a menudo que al final nos resultará completamente natural, como si Dios fuera uno con nuestra alma y nuestra alma fuera una con Dios. La práctica es la que nos lo enseñará.

* * *

Adorar a Dios en verdad es reconocerlo como lo que es y reconocernos a nosotros como lo que somos.

Adorar a Dios en verdad es reconocer real, actual y en espíritu que Dios es como es, a saber: infinitamente perfecto, infinitamente adorable, infinitamente alejado del mal, y así con todos los atributos divinos.

¿Qué hombre, por poco juicio que tenga, no empleará todas sus fuerzas en someterse y adorar a este gran Dios?

* * *

Adorar a Dios en verdad es también confesar que, aunque seamos todo lo contrario, Él desea hacernos semejantes a Él si lo queremos.

¿Quién será tan imprudente como para apartarse, aunque solo sea un momento, del respeto, del amor, del servicio y de la adoración continua que le debemos?

III
DE LA UNIÓN DEL ALMA CON DIOS

Hay tres tipos de unión: la primera habitual, la segunda virtual y la tercera actual.

La unión habitual se da cuando estamos unidos a Dios solamente por gracia.

La unión virtual se da cuando, comenzando una acción por la que nos unimos a Dios, permanecemos unidos por la virtud de esta acción todo el tiempo que dura.

La unión actual es la más perfecta y, aunque es totalmente espiritual, hace sentir su movimiento, porque el alma no está dormida como en las otras uniones, sino que se encuentra poderosamente activa, y su operación es más viva que la del fuego, y más luminosa que un sol al que no oscurece ninguna nube. Sin embargo, nos podemos engañar en este sentimiento, que no es una mera expresión del corazón –como lo es decir: «Dios mío, te amo con todo mi corazón», u otras palabras semejantes–, sino que es un no sé qué del alma, dulce, apacible, espiritual, respetuoso, humilde, amoroso y muy simple, que la lleva y la empuja a amar a Dios, adorarlo e incluso abrazarlo con afectos que no se pueden expresar y que únicamente la experiencia nos permite concebir.

* * *

Quienes aspiran a la unión divina deben saber que todo lo que puede alegrar a la voluntad le resulta a esta, en efecto, agradable y delicioso, o que, al menos, ella lo tiene por tal.

Es preciso que todos confiesen que Dios es incomprensible y que, para unirse a Él, hay que privar a la voluntad de todo tipo de gustos y placeres espirituales y corporales, a fin de que, gracias a ese desprendimiento, pueda amar a Dios sobre todas las cosas. Porque si la voluntad es capaz de comprender a Dios de algún modo, este solo puede ser el amor.

Existe una gran diferencia entre los gustos y los sentimientos de la voluntad, por un lado, y las operaciones de la misma voluntad, por otro, ya que los gustos y los sentimientos de la voluntad están en el alma como en su término, mientras que su operación, que es propiamente el amor, termina en Dios como su fin.

IV
DE LA PRESENCIA DE DIOS

La presencia de Dios es una inclinación de nuestro espíritu a Dios, o un recuerdo de Dios presente, que puede hacerse mediante la imaginación o mediante el entendimiento.

* * *

Conozco a una persona que desde hace cuarenta años practica una presencia de Dios intelectual, a la que da muchos otros nombres. Tan pronto la llama acto simple, o conocimiento claro y distinto de Dios, como visión confusa o mirada general y amorosa a Dios, o recuerdo de Dios; otras veces la denomina atención a Dios, diálogo mudo con Dios, confianza en Dios, vida y paz del alma.

Esta persona me ha explicado que todos estos modos de referirse a la presencia de Dios no son sino sinónimos que remiten a una misma realidad, que ahora resulta natural para él.

¿Y cómo ha logrado esa espontaneidad? Dice que, por medio de la práctica y trayendo regularmente su espíritu a la presencia de Dios, se ha habituado de tal manera que, en cuanto se ve libre de sus tareas externas, e incluso frecuentemente cuando más inmerso está en ellas, lo más sublime de su espíritu o la parte dominante de su alma se eleva sin poner ningún medio especial, y permanece como suspendida y fijamente detenida en Dios, por encima de todas las cosas, como en su centro y en su lugar de reposo. Porque sentir casi de continuo su espíritu en esta suspensión acompañada de la fe le basta.

Y eso es lo que denomina presencia de Dios actual, efectiva, que comprende todos los otros tipos de presencia y muchos más, de modo que vive ahora como si no existieran más que Dios y ella en el mundo, conversa en todas partes con Dios, le pide lo que necesita y se alegra sin cesar de mil y una maneras con Él.

* * *

Conviene saber, sin embargo, que esta conversación con Dios se hace en la intimidad y en el centro del alma. Allí es donde el alma habla con Dios de corazón a corazón, y siempre con una grande y profunda paz, de la que el alma goza en Dios. Todo lo que ocurre fuera es para el alma tan solo una llama pasajera que se extingue a medida que arde, y que nunca o muy pocas veces consigue turbar su paz interior.

* * *

Para volver a nuestra presencia de Dios, digo que esta dulce y amorosa mirada de Dios enciende suavemente en el alma un fuego divino que la hace arder en el amor a Dios, y digo que, para moderarlo, hay que ocuparse en muchas tareas exteriores en servicio de los demás.

Hasta nos sorprendería saber lo que el alma dice a veces a Dios, quien parece complacerse tanto en estas conversaciones que le permite al alma todo, con tal de que ella quiera permanecer siempre con Él y en su intimidad. Y, como si temiera que el alma se volviera hacia las criaturas, tiene cuidado de proporcionarle todo lo que ella puede desear, de modo que encuentra a menudo en su interior un alimento muy sabroso y muy a su gusto, aunque nunca lo haya deseado ni procurado de ningún modo, y sin que ni siquiera haya contribuido por su parte salvo dando su consentimiento.

* * *

La presencia de Dios es, por tanto, la vida y el alimento del alma, que puede adquirirse con la gracia del Señor.

Veamos a continuación el modo.

V

MEDIOS PARA ADQUIRIR
LA PRESENCIA DE DIOS

El primer medio es una gran pureza de vida.

* * *

El segundo consiste en una gran fidelidad a la práctica de esta presencia y a la mirada interior de Dios en uno mismo, que debe hacerse siempre delicada, humilde y amorosamente, sin dejarse alterar por ninguna perturbación o inquietud.

* * *

Tenéis que poner un cuidado especial en que esta mirada interior preceda, aunque sea solo un instante antes, a vuestras acciones exteriores, pero también que las acompañe de vez en cuando y, por último, que todas finalicen con ella.

Como se necesita tiempo y mucho trabajo para adquirir esta práctica, tampoco hay que desanimarse cuando no se consigue, puesto que el hábito solamente se adquiere con esfuerzo. Mas cuando se haya adquirido, todo se hará con placer.

¿No es justo que el corazón, que es el primer viviente y domina sobre los demás miembros del cuerpo, sea el primero y el último en amar y adorar a Dios, empezando o terminando nuestras acciones espirituales y corporales, y generalmente en todas las actividades de la vida?

En este lugar debemos procurar que se dé esta humilde mirada interior, que hay que producir, como ya he dicho, sin forzarla y de manera espontánea, para que resulte más fácil.

* * *

No les vendrá mal a los que comienzan esta práctica el ayudarse interiormente de algunas palabras sencillas, como: «Dios mío, soy todo tuyo»; «Dios de amor, te amo con todo mi corazón»; «Señor, hazme según tu corazón»; o algunas otras expresiones que el amor sugiera en ese momento. Pero conviene tener cuidado de que el espíritu no se extravíe ni vuelva a las criaturas, sino que se mantenga unido solo a Dios, de modo que, al verse así presionado y forzado por la voluntad, se vea obligado a permanecer con Dios.

* * *

Esta presencia de Dios, que resulta un poco ardua en los comienzos, cuando se practica con fidelidad, produce secretamente en el alma efectos maravillosos, le atrae en abundancia las gracias del Señor y la conduce suavemente a esta mirada sencilla, a esta visión amorosa de Dios presente en todas partes, que es la más santa, la más sólida, la más fácil y la más eficaz forma de oración.

* * *

Daos cuenta, os lo ruego, de que para llegar a este estado se requiere la mortificación de los sentidos, puesto que es imposible que un alma que sigue teniendo alguna complacencia en las criaturas pueda gozar enteramente de esta divina presencia. Y es que, para estar con Dios, resulta imprescindible abandonar a las criaturas.

VI

LOS BENEFICIOS
DE LA PRESENCIA DE DIOS

El primer beneficio que recibe el alma de la presencia de Dios es gozar de una fe más viva y más efectiva en todas las circunstancias de la vida, especialmente en nuestras necesidades, ya que fácilmente nos procura ayuda en nuestras tentaciones y en las inevitables relaciones que tenemos con las criaturas.

Porque el alma, acostumbrada por este ejercicio a la práctica de la fe, mediante un simple recuerdo ve y experimenta a Dios presente, lo invoca con facilidad y eficacia, y obtiene de Él todo lo que necesita.

Bien podemos afirmar que el alma se encuentra entonces en un estado cercano al de los bienaventurados. Cuanto más avanza, más viva se vuelve su fe, hasta hacerse tan penetrante que casi podríamos decir: «Ya no creo, sino que veo y experimento».

* * *

La práctica de la presencia de Dios nos fortalece en la esperanza.

Nuestra esperanza crece en proporción a nuestro conocimiento de Dios. Más aún, a medida que nuestra fe va penetrando mediante este santo ejercicio en los secretos de la divinidad, a medida que va descubriendo en Dios una belleza que sobrepasa infinitamente no solo la de los cuerpos que vemos en la tierra, sino incluso la de las almas más perfectas y la de los ángeles, nuestra esperanza crece y se fortalece, y la grandeza de este bien del que pretende gozar, y que de alguna manera ya gusta, la tranquiliza y la sostiene.

* * *

Inspira a la voluntad un desprecio de las criaturas y la inflama con el fuego del amor sagrado. Porque al estar siempre con Dios, que es un fuego que consume, reduce a polvo lo que se le puede oponer.

Y esta alma, así inflamada, ya no puede vivir más que en la presencia de su Dios, presencia que produce en su corazón un santo ardor, un ansia sagrada y un deseo arrebatado de ver a ese Dios amado, conocido, servido y adorado por todas las criaturas.

* * *

Por la presencia de Dios y por esta mirada interior, el alma se familiariza con Dios de tal manera que pasa casi toda su vida en actos continuos de amor, de adoración, de contrición, de acción de gracias, de ofrenda, de petición y de todas las virtudes más excelentes. En ocasiones, llega a ser un único acto que no cesa, porque el alma está siempre en el ejercicio continuo de esta divina presencia.

Sé que pocas personas llegan a este grado, pues se trata de una gracia con la que Dios favorece solo a algunas almas escogidas. No en vano, esta sencilla mirada es, a fin de cuentas, un don de su mano generosa.

Pero, para consolar a los que quieren abrazar esta santa práctica, diré que el Señor la da normalmente a las almas que se disponen a ella. Y si no la da, al menos, con la ayuda de sus gracias ordinarias y mediante la práctica de la presencia de Dios, se puede adquirir un modo y un estado de oración que se aproxima mucho a esta mirada sencilla.

CARTAS
DEL HERMANO LORENZO DE LA RESURRECCIÓN

CARTA I

A la reverenda madre N...
París, 1 de junio de 1682

Reverenda madre:

Aprovecho la ocasión para hacerle partícipe de los sentimientos de uno de nuestros religiosos sobre los efectos admirables y los socorros continuos que recibe de la presencia de Dios. Espero que nos sean de provecho a ambos.

Sepa usted que la tarea principal de este hermano, tras más de cuarenta años de vida religiosa, ha sido siempre estar con Dios y no hacer nada, no decir nada y no pensar nada que pueda disgustarlo, sin ninguna otra aspiración que la de su puro amor, puesto que Él merece infinitamente más.

Está ahora tan habituado a esta divina presencia, que recibe de ella ayudas continuas en toda suerte de ocasiones. Hace ya unos treinta años que su alma goza de alegrías interiores tan constantes y a veces tan grandes que, para moderarlas e impedir que se muestren hacia fuera, se ve obligado a hacer de cara a la galería unas niñerías que se perciben más como locura que como devoción.

Si alguna vez él se ausenta de esta divina presencia, Dios se hace sentir inmediatamente en su alma para llamarlo de nuevo, lo que le sucede a menudo cuando más concentrado se halla en sus ocupaciones exteriores. Él responde con absoluta fidelidad a esas inclinaciones interiores, elevando su corazón hacia Dios con una mirada dulce y amorosa, o con algunas palabras que el amor inspira en esos encuentros; por ejemplo: «Dios mío, heme aquí por entero para ti; Señor, hazme según tu corazón».

Y a partir de entonces, le parece como si sintiese en efecto que ese Dios de amor, que se contenta con esas pocas palabras, se duerme y descansa en lo más íntimo y central de su alma. La experiencia de estas cosas le proporciona tanta seguridad de que Dios mora siempre en lo más íntimo de su alma, que no puede tener duda ninguna, haga lo que haga y suceda lo que le suceda.

Juzgue a partir de ahí, reverenda madre, cuál es el contento y la satisfacción de los que goza. Sintiendo en él de manera continua tan gran tesoro, ya no se preocupa por encontrarlo, ya no sufre por buscarlo, pues le es enteramente manifiesto y es libre de tomar de él lo que le plazca.

Se queja con frecuencia de nuestra ceguera y exclama sin cesar que somos dignos de compasión si nos conformamos con tan poco. «Dios –asegura– tiene tesoros inagotables para darnos, pero nosotros nos satisfacemos con una pequeña devoción sensible, que pasa en un momento. Qué ciegos estamos, porque así maniatamos a Dios y detenemos la multitud de sus gracias. Pero cuando encuentra un alma llena de una fe viva, le vierte gracias en abundancia. Es un torrente contenido a la fuerza contra su curso ordinario y que, al encontrar una salida, se desborda con ímpetu y profusión».

Sí, y es que a menudo paramos ese torrente por la poca estima que le mostramos. No lo contengamos más, mi querida madre, sino sumerjámonos en él, rompamos el dique, dejemos que la gracia se manifieste, recuperemos el tiempo perdido. Quizás nos quede poco por vivir, la muerte nos sigue de cerca, estemos en guardia, solo se muere una vez.

Entremos de nuevo en nosotros mismos. El tiempo apremia, ya no hay aplazamiento, hagamos lo que nos conviene. Creo que usted ha tomado medidas y que son tan adecuadas que no la va a pillar por sorpresa. La alabo por ello, pues esto es lo que hay que hacer. No obstante, tenemos que seguir trabajando, ya que en la vida del espíritu no avanzar es retroceder, pero quienes se dejan llevar por el viento del Espíritu Santo navegan incluso mientras duermen. Si la barca de nuestra alma recibe todavía los embates de los vientos o de la tempestad, despertemos al Señor que allí descansa y pronto calmará él los mares.

Me he tomado la libertad, mi muy querida madre, de haceros partícipe de estos buenos sentimientos para confrontarlos con los suyos. Servirán para volverlos a encender y para que ardan si, por desgracia (Dios no lo quiera, pues sería un gran mal), se enfriaran, aunque fuese solo un poco.

Recordemos, usted y yo, nuestros primeros fervores, aprovechémonos del ejemplo y de los sentimientos de este religioso apenas conocido en el mundo, pero bien conocido por Dios y extremadamente agraciado por Él.

Lo pediré para usted; pídalo usted muy encarecidamente para este que, en nuestro Señor, reverenda madre, es afectuosamente suyo, etc.

CARTA II

A la reverenda madre N...
[sin fecha]

Reverenda y muy honorada madre:

He recibido hoy dos libros y una carta de la hermana N..., que se dispone a su profesión y ruega las oraciones de la bendita comunidad y las suyas en especial. Me confiesa que tiene una confianza grande y singular. No la frustre, sino pida a Dios que ella haga su sacrificio con la sola visión de su amor y con la firme resolución de ser toda para Él.

Le enviaré uno de esos libros que tratan de la presencia de Dios. En esta, a mi entender, consiste toda la vida espiritual, y me parece que, practicándola como se debe, uno se vuelve espiritual en poco tiempo.

Sé que para ello se precisa que el corazón esté vacío de todo lo demás, ya que Dios quiere poseerlo Él solo. Y como no puede poseerlo solo sin vaciarlo de cuanto no es Él, tampoco puede actuar en ese corazón ni hacer en él lo que desearía.

No hay en el mundo manera de vivir más dulce ni deliciosa que la conversación continua con Dios. Tan solo aquellos que la practican y la saborean llegan a entender esto. No le aconsejo, sin embargo, hacerlo por este motivo; no son los consuelos lo que debe movernos a esta práctica, sino el amor a Dios y a su voluntad.

Si me dedicase a la oratoria sagrada, mi predicación se centraría exclusivamente en la práctica de la presencia de Dios, y si fuese director espiritual, se la aconsejaría a todo el mundo: hasta este extremo la creo necesaria e incluso fácil.

Ojalá supiésemos cuánto necesitamos las gracias y los socorros de Dios; no lo perderíamos nunca de vista, ni siquiera
por un instante. Hágame caso, tome desde ahora la santa y firme resolución de no alejarse nunca de Él voluntariamente y de
vivir el resto de sus días en esta santa presencia, aunque se vea
privada por su amor, si Él lo juzga oportuno, de los consuelos
del cielo y de la tierra. Póngase manos a la obra. Si lo hace como es debido, esté
segura de que pronto verá los resultados. Yo la ayudaré con
mis oraciones, por pobres que sean. Me encomiendo encarecidamente a las suyas y a las de su bendita comunidad, y soy
en nuestro Señor
afectuosamente suyo, etc.

CARTA III

A la misma.

París, 3 de noviembre de 1685

He recibido de la señorita de N… los rosarios que usted le entregó. Me extraña que no me diga usted nada sobre el libro que le envié y que debe haber recibido. Practíquelo con ahínco en su ancianidad, pues más vale tarde que nunca.

No logro entender cómo las personas religiosas pueden vivir contentas sin la práctica de la presencia de Dios. Yo, por mi parte, me mantengo retirado con Él en la intimidad de mi corazón tanto como me es posible, y cuando estoy así con Él no temo nada, mientras que la más mínima separación es para mí un infierno.

Este ejercicio no mata el cuerpo. No obstante, es oportuno privarlo de cuando en cuando, e incluso a menudo, de pequeños consuelos inocentes y lícitos. Pues Dios no consiente que un alma que quiere entregarse por entero a Él encuentre consuelo en algo diferente de Él. Esto es más que razonable.

No digo que para esto tengamos que incomodarnos mucho. No, tenemos que servir a Dios con una santa libertad; tenemos que trabajar fielmente, sin perturbaciones ni inquietud, haciendo suavemente y con tranquilidad que nuestro espíritu vuelva a dirigirse a Dios tantas veces como lo encontremos distraído.

Sin embargo, es necesario que pongamos toda nuestra confianza en Dios, sin atender a nada más; que nos desprendamos incluso de muchas devociones particulares que, aun siendo muy buenas, a menudo empleamos mal, ya que al fin y al cabo esas devociones no son más que medios para llegar a un fin.

Así, cuando mediante este ejercicio de la presencia de Dios estamos con Aquel que es nuestro fin, no necesitamos volver nuestra mirada a los medios, sino que podemos continuar con Él nuestra relación de amor, permaneciendo en su santa presencia, unas veces mediante un acto de adoración, de alabanza o de deseo, otras mediante un acto de ofrenda, de acción de gracias, y de todos los modos que nuestro espíritu pueda inventar.

No se desanime si eso repugna a su naturaleza, tiene usted que hacerse violencia. En los comienzos, a menudo uno cree que es perder el tiempo, mas es necesario continuar y proponerse perseverar hasta la muerte y a pesar de todas las dificultades.

Me encomiendo a las oraciones de su bendita comunidad y particularmente a las de usted.

En nuestro Señor,

afectuosamente suyo, etc.

CARTA IV

A la Señora N...
[*sin fecha*]

Señora:

La compadezco mucho. Si pudiese dejar el cuidado de sus asuntos al señor y la señora N... y tan solo se ocupase de rezar a Dios, ¡sería como dar un golpe de Estado!

Él no nos pide gran cosa: un breve recuerdo de tanto en tanto, una pequeña adoración, que unas veces le pida su gracia, que otras le ofrezca sus penas, que otras le agradezca los favores que le ha hecho y que le sigue haciendo, que se consuele con Él en medio de sus trabajos tan a menudo como le resulte posible, que lo tenga presente durante sus comidas y sus conversaciones...

Eleve asiduamente su corazón hacia Él. El más mínimo recuerdo le resultará siempre agradable. No hace falta para ello alzar mucho la voz, Él se halla más cerca de nosotros de lo que pensamos.

No es necesario estar siempre en la iglesia para estar con Dios. Podemos hacer de nuestro corazón un oratorio en el que retirarnos de vez en cuando para conversar con Él dulce, humilde y amorosamente. Todo el mundo es capaz de tener estas conversaciones familiares con Dios, unos más y otros menos: Él sabe de qué somos capaces. Comencemos, pues no espera de nosotros más que una generosa resolución.

Ánimo, nos queda poco tiempo de vida: usted ya tiene casi sesenta y cuatro años, y yo me acerco a los ochenta. Vivamos y muramos con Dios, las penas nos serán siempre dulces y agradables cuando estemos con Él, y los más grandes placeres sin Él serán para nosotros un cruel suplicio. Bendito sea Él por todo. Amén.

En fin, acostúmbrese poco a poco a adorarlo como le he dicho, a pedirle su gracia, a ofrecerle su corazón frecuentemente durante el día, en medio de sus ocupaciones, en todo momento si es capaz. No se constriña con reglas o devociones particulares, hágalo con fe, con amor y con humildad.

Puede usted garantizar al señor y a la señora de N... y a la señorita N... mis pobres plegarias, y que yo soy su siervo, y en particular de usted, en nuestro Señor,

  hermano, etc.

CARTA V

Al reverendo padre N...
[*sin fecha*]

Reverendo padre:

Puesto que no encuentro en los libros mi manera de vivir, aunque eso no me preocupa en absoluto, para estar más seguro me alegraría mucho conocer su opinión acerca del estado en que me hallo.

Hace unos días, en un diálogo particular con una persona piadosa, esta me dijo que la vida espiritual era una vida de gracia que comienza con el temor servil, se aumenta con la esperanza de la vida eterna y se consuma con el amor puro; y que unos y otros tienen diferentes grados por los que se llega al fin a esta feliz consumación.

Yo no he seguido ese proceso. Y no sé por qué motivo, al principio sentí miedo, lo que fue causa, a mi entrada en religión, de tomar la resolución de entregarme por entero a Dios como satisfacción por mis pecados y de renunciar por su amor a todo aquello que no es Él.

Durante los primeros años, en mis oraciones me ocupaba generalmente de los pensamientos de la muerte, el juicio, el infierno y el paraíso, y de mis pecados. De esa suerte continué durante algunos años, aplicándome con tesón el resto del día, e incluso durante el trabajo, a la presencia de Dios, al que consideraba siempre a mi lado, a menudo hasta en el fondo de mi corazón, lo que hizo nacer en mí un amor a Dios tan elevado que únicamente la fe era capaz de satisfacerme sobre este punto.

Hice lo mismo de manera espontánea en mis oraciones, lo que me causaba grandes dulzuras y consuelos. Así fue como empecé.

No obstante, le diré que sufrí mucho los diez primeros años. La aprensión que sentía de no ser de Dios como yo habría deseado, mis pecados pasados siempre presentes ante mis ojos y las grandes gracias que Dios me concedía eran la materia y el origen de todos mis males.

Durante ese tiempo yo caía a menudo, pero me levantaba de inmediato. Me parecía que las criaturas, la razón e incluso Dios mismo estaban contra mí, y que solo la fe estaba a mi favor. A veces me inquietaba la idea de que todo era efecto de mi presunción, de que yo pretendía verme de golpe allí donde los demás llegan solo a duras penas. Otras veces pensaba que me condenaría sin remedio, que no habría salvación para mí.

Cuando dejé de pensar únicamente en que acabaría mis días en medio de esos desconsuelos y preocupaciones –que no disminuyeron en absoluto la confianza que tenía en Dios, sino que solo sirvieron para aumentar mi fe–, me vi de repente cambiado, y mi alma, que hasta entonces estaba siempre inquieta, sintió una profunda paz, como si hubiese encontrado su centro y un lugar de reposo.

Desde entonces trabajo ante Dios sin ninguna presunción, con fe, con humildad y con amor, y me esmero con tesón en no hacer nada, no decir nada y no pensar nada que pueda disgustarlo. Confío en que cuando yo haya hecho lo que haya podido, Él hará conmigo lo que considere oportuno.

Ahora no soy capaz de decir ni de expresar lo que ocurre en mi interior. No siento pena ni duda alguna sobre mi estado, del mismo modo que no tengo más voluntad que la voluntad de Dios, que me esfuerzo por cumplir en todas las cosas y a la que me someto tanto que no querría levantar ni una brizna de paja contra sus órdenes, ni por otro motivo que su puro amor.

He abandonado todas mis devociones y oraciones no obligatorias, y no me ocupo más que de permanecer siempre en su santa presencia, en la que me mantengo por medio de una atención sencilla y una mirada plena y amorosa en Dios que podría llamar presencia de Dios actual o, mejor, conversación muda y secreta del alma con Dios, que ya casi no cesa. Esto me causa algunas veces unos contentos y unas alegrías interiores –y con frecuencia también exteriores– tan grandes que, para moderarlas e impedir que se muestren hacia fuera, me veo obligado a llevar a cabo unas niñerías que más parecen locura que devoción.

En fin, reverendo padre, no puedo de ninguna manera dudar de que mi alma está con Dios desde hace más de treinta años. Omito muchas cosas para no aburrirle; creo, no obstante, que es oportuno indicarle de qué manera me considero ante Dios, al que contemplo como mi rey.

Me veo como el más miserable de todos los hombres, cubierto de llagas, lleno de pestilencias y reo de toda clase de crímenes contra su rey. Movido por un profundo arrepentimiento, le confieso todas mis maldades, le pido perdón y me abandono en sus manos para que haga de mí lo que quiera.

Este rey lleno de bondad y de misericordia, lejos de castigarme, me abraza con amor, me invita a su mesa, me sirve con sus manos, me entrega las llaves de sus tesoros y me trata en todo como a su favorito. De mil maneras conversa y disfruta conmigo sin cesar, sin exigirme disculpas ni despojarme de mis inclinaciones primarias. A pesar de que le digo que me haga según su corazón, me veo cada vez más débil y miserable y, no obstante, más mimado por Dios. Así es como me dispongo habitualmente en su santa presencia.

Lo que más procuro ejercitar es esta atención sencilla y esta mirada plena y amorosa a Dios, durante la cual a menudo me siento atado con unas dulzuras y satisfacciones mayores que las que saborea un niño pegado a los pechos de su nodriza. Si me atreviera a servirme de este término, llamaría con gusto a este estado los «pechos de Dios», por las dulzuras inexpresables que saboreo y experimento en Él.

Si en algunas ocasiones me separo por necesidad o por debilidad, vuelven a llamarme de inmediato unos movimientos internos tan seductores y deliciosos que me avergüenza hablar de ellos. Le ruego, reverendo padre, que reflexione más sobre mis grandes miserias, las cuales conoce perfectamente, que sobre estas grandes gracias con las que Dios favorece mi alma, a pesar de lo indigno y despreciable que soy.

Por lo que respecta a mis horas de oración, no consisten más que en continuar en este mismo ejercicio. A veces me parece que estoy ante un escultor y que soy un bloque de piedra con el que quiere hacer una escultura. Al presentarme así ante Dios, le ruego que forme en mi alma su imagen perfecta y que me haga por entero semejante a Él.

Otras veces, en cuanto me aplico a este ejercicio, siento de inmediato que mi espíritu y mi alma se elevan sin ninguna preocupación ni esfuerzo, y mi alma permanece como suspendida y fijamente quieta en Dios como en su centro y como en un lugar de reposo.

Yo sé que algunos tachan de ociosidad, engaño y amor propio este estado. Admito que es una santa ociosidad y un feliz amor propio, si el alma en este estado fuese capaz de ellos, ya que, en efecto, cuando ella descansa pierde interés por los actos de piedad que realizaba antes y que le servían de apoyo, pero que ahora servirían más para perjudicarla que para ayudarla.

Pese a ello, no soporto que lo llamen engaño, pues el alma que goza allí de Dios no quiere nada más que a Él. Si en mí es engaño, es asunto suyo remediarlo; que haga conmigo lo que le plazca, no ansío otra cosa que a Él y quiero ser todo suyo. Me complacerá, no obstante, que usted me haga llegar su opinión, a la que me someto, ya que tengo una estima muy particular de su reverencia, y en nuestro Señor soy, reverendo padre,

afectuosamente suyo, etc.

CARTA VI

A una religiosa.

[*sin fecha*]

Reverenda y muy venerable madre:

Aunque sean de poco valor, en mis oraciones nunca deja usted de estar presente. Así se lo prometí y estoy manteniendo mi palabra.

Cuán afortunados seríamos si consiguiésemos encontrar el tesoro del que nos habla el Evangelio[1]. Entonces todas las demás cosas nos parecerían nada, puesto que como dicho tesoro es infinito, cuanto más rebuscamos en su interior más riquezas encontramos.

Dediquémonos sin cesar a buscarlo, no desfallezcamos hasta que lo hayamos encontrado.

[...][2]

En definitiva, reverenda madre, no sé qué va a ser de mí. Se diría que la paz del alma y el reposo del espíritu me llegan mientras duermo.

Si yo fuese capaz de sufrimiento, sufriría por no poder sufrir y, si se me permitiese, me consolaría gustoso con que exista un purgatorio, donde creo que sufriré para reparar mis pecados.

---

1. Se lee en el evangelio según san Mateo: «Sucede con el reino de los cielos lo que con un tesoro escondido en el campo: el que lo encuentra lo deja oculto y, lleno de alegría, va, vende todo lo que tiene y compra aquel campo» (Mt 13, 44) [N. del E.].
2. Aquí habla de algunos asuntos particulares y después añade lo que sigue [N. del E.].

Desconozco lo que Dios tiene reservado para mí. Me encuentro con una tranquilidad tan grande que nada temo. ¿Qué puedo temer estando con Él?

Estoy con Él tanto como me es posible. Bendito sea por todo. Amén.

Afectuosamente suyo, etc.

CARTA VII

A la señora N...
12 de octubre de 1688

Señora:

Tenemos un Dios infinitamente bueno y que sabe lo que necesitamos. Siempre he creído que la llevaría a usted a una situación extrema. Él vendrá en su momento y cuando menos lo piense. Ponga su confianza en Él más que nunca. Agradézcale conmigo las gracias que le regala, especialmente la fuerza y la paciencia que le concede en sus aflicciones. Se trata de una señal evidente de la atención que le presta. Consuélese, pues, con Él y dele gracias por todo.

También admiro la fuerza y el valor del señor N... Dios le ha concedido un buen carácter y una buena voluntad, pero todavía es algo mundano y muy joven. Espero que la aflicción que Dios le ha enviado le sirva como medicina de salvación y que él se dé cuenta.

Esta circunstancia tiene como finalidad incitarlo a poner toda su confianza en Aquel que lo acompaña en todas partes. Que lo recuerde tan a menudo como pueda, especialmente en los peligros más grandes.

Basta con una pequeña elevación del corazón. Un breve recuerdo de Dios, una adoración interior, aun hecha corriendo y con la espada en la mano, son oraciones que, por cortas que parezcan, resultan sin embargo muy agradables a Dios y, lejos de hacer perder el valor en las ocasiones más peligrosas a los que empuñan las armas, los fortalecen.

Que lo recuerde, pues, con la mayor frecuencia que pueda; que se acostumbre poco a poco a este sencillo, pero santo ejercicio. A nadie le cuesta, no hay nada más fácil que repetir a menudo durante el día estas pequeñas adoraciones interiores. Recomiéndele, por favor, que recuerde lo más posible a Dios de la manera que le indico aquí. Es muy apropiada y muy necesaria para un soldado que se expone cada jornada a no pocos peligros para su vida y para su salvación.

Espero que Dios lo asista y a toda la familia, a la que saludo, y quedo a disposición de todos,

humildemente, etc.

CARTA VIII

A la reverenda madre N...
[*sin fecha*]

Reverenda y muy venerable madre:

No me pide nada nuevo: ¡no es usted la única a la que agitan los pensamientos! Nuestro espíritu es extremadamente voluble, pero, puesto que la voluntad es la dueña de todas nuestras potencias, ella debe traerlo de vuelta y conducirlo a Dios como a su fin último.

Cuando el espíritu, que no ha sido sometido en los comienzos, ha contraído algunas costumbres ruines de distracción y de disipación, estas son difíciles de vencer y nos arrastran generalmente y a pesar nuestro a las cosas de la tierra.

Considero que un remedio para ello es confesar nuestras faltas y humillarnos ante Dios. Le aconsejo que no se extienda demasiado en la oración, pues los discursos largos son a menudo ocasiones de distracción. Permanezca ante Dios como un pobre mudo y un paralítico ante la puerta de un rico.

Ocúpese de mantener su espíritu en la presencia del Señor. Si se descuida y en ocasiones se aparta de ella, no se inquiete: las agitaciones del espíritu sirven más para distraerlo que para atraerlo. Es necesario que la voluntad lo traiga de vuelta con serenidad. Si persevera de este modo, Dios tendrá piedad de usted.

Un modo de atraer con facilidad al espíritu durante el tiempo de la oración es procurar que descanse más tiempo y no dejar que levante demasiado el vuelo durante el día. Hay que mantenerlo fielmente en presencia de Dios, y cuando usted se acostumbre a recordarlo en todo momento, le será fácil mantenerlo sereno durante sus oraciones, o al menos volver a traerlo de sus extravíos.

Le he hablado a usted a tiempo y a destiempo en mis otras cartas de las ventajas que podemos sacar de esta práctica de la presencia de Dios. Dediquémonos a ella con seriedad y recemos los unos por los otros.

Me encomiendo también a las plegarias de la hermana N… y de la reverenda madre N…, y quedo a su entera disposición en nuestro Señor,

muy humilde, etc.

CARTA IX

A la misma.
28 de marzo de 1698

Aquí tiene usted la respuesta a la carta que recibí de nuestra buena hermana N… Le ruego que se la entregue. Creo que tiene de sobras buena voluntad, pero pretende ir más rápido que la gracia, ¡y nadie se vuelve santo de golpe!

Se la encomiendo a usted. Debemos ayudarnos los unos a los otros por medio de nuestros consejos, y aún más por medio de nuestros buenos ejemplos. Le ruego que de cuando en cuando me dé noticias suyas y me haga saber si es muy fervorosa y obediente.

Mi querida madre, ¿consideramos a menudo que lo único que de verdad importa en esta vida es complacer a Dios? ¿Que quizá todo lo demás sea solo locura y vanidad?

Hemos pasado más de cuarenta años en religión, ¿los hemos empleado en amar y servir a Dios, quien por su misericordia nos llamó para esto? Me lleno de vergüenza y de confusión cuando reflexiono, por un lado, sobre las enormes gracias que Dios me ha concedido y que continúa concediéndome sin cesar, y, por el otro, sobre el mal uso que de ellas he hecho y de lo poco que las he aprovechado en mi camino de perfección.

Ya que por su misericordia nos concede todavía algo de tiempo, comencemos de nuevo, recuperemos el tiempo perdido, volvámonos con absoluta confianza hacia ese Padre de bondad, siempre dispuesto a recibirnos amorosamente.

Renunciemos, querida madre, renunciemos con generosidad por su amor a todo aquello que no es Él, pues merece infinitamente más. Pensemos en Él sin cesar, pongamos en Él toda nuestra confianza. No dudo de que pronto experimentaremos los efectos y que sentiremos sus gracias abundantes, con las cuales lo podemos todo y sin las cuales no podemos más que pecar.

En efecto, nos resulta imposible evitar los peligros y los escollos de los que está llena la vida sin el auxilio efectivo y continuo de Dios. Pidámoselo continuamente. Pero ¿cómo pedirle sin estar con Él?, ¿cómo estar con Él si no es pensando en Él a menudo?, ¿cómo pensar en Él a menudo, sino mediante una santa costumbre que debemos adquirir?

Me objetará usted que siempre le digo lo mismo. Es cierto, no conozco medio más apropiado y fácil que este. Y como es el único que practico, se lo aconsejo a todo el mundo.

Hay que conocer antes de amar. Para conocer a Dios hay que pensar en Él con frecuencia. Y cuando lo amemos, también pensaremos en Él muy a menudo, ¡pues nuestro tesoro está donde está nuestro corazón!

Pensemos así a menudo y pensemos rectamente.

Afectuosamente suyo, muy humilde servidor, etc.

CARTA X

A la señora N...
París, a 29 de octubre de 1689

Señora:

Me ha costado mucho decidirme a escribir al señor M. de N... Solo lo hago porque usted y la señora de N... me lo solicitaron de corazón. Tómese, pues, la molestia de sobrescribir la dirección y enviar la carta. Me alegra mucho comprobar la confianza que tiene en Dios; ruego para que Él la aumente de día en día. Nunca podremos confiar lo suficiente en un Amigo tan bueno y fiel, que no nos fallará jamás, ni en este mundo ni en el otro.

Si el señor de N... consigue sacar provecho de la pérdida que ha sufrido y pone toda su confianza en Dios, este pronto le dará otro amigo más poderoso y con mejores intenciones. Él dispone de los corazones como quiere.

Quizá se había acostumbrado y apegado demasiado al que ha perdido. Debemos amar a nuestros amigos, pero sin perjuicio del amor a Dios, que debe ser el primero.

Acuérdese, se lo ruego, de lo que le he recomendado, que es pensar a menudo en Dios, tanto de día como de noche, en todas sus ocupaciones, en todos sus ejercicios e incluso durante sus diversiones. Él siempre se encuentra junto a usted; no lo deje solo.

Sabe que es una descortesía dejar solo a un amigo que la visita. Entonces, ¿por qué abandonar a Dios y dejarlo solo? ¡Pues no lo olvide! Piense en Él a menudo, adórelo sin cesar, viva y muera con Él.

Tal es la hermosa ocupación de un cristiano. En una palabra, se trata de nuestro oficio. Y si no lo conocemos, entonces tenemos que aprenderlo. Yo la ayudaré con mis plegarias.

En nuestro Señor soy
afectuosamente suyo, etc.

CARTA XI

A la reverenda madre N...
17 de noviembre de 1690

Reverenda y muy venerable madre:

No pido a Dios que la libre de sus penas; le pido insistentemente que le dé fuerza y paciencia para sufrirlas todo el tiempo que Él considere necesario.

Consuélese con Aquel que la mantiene atada a la cruz. Él la desatará cuando crea oportuno. Dichosos los que sufren con Él. Acostúmbrese a sufrir con Él y pídale fuerzas para sufrir todo lo que Él quiera y tanto tiempo como Él juzgue que lo necesita.

El mundo no entiende estas verdades, y no me sorprende. Es porque sufren como gentes del mundo y no como cristianos: miran las enfermedades como penas de la naturaleza, y no como gracias de Dios, y de este modo solo perciben las enfermedades como algo durísimo y contrario a la naturaleza. Pero aquellos que consideran que vienen de la mano de Dios, como efectos de su misericordia y medios que Él emplea para su salvación, suelen gustar de grandes dulzuras y sensibles consuelos.

Desearía que usted se convenciera de que a menudo Dios está más cerca de nosotros en el tiempo de las enfermedades y las debilidades que cuando gozamos de una perfecta salud. No busque más médico que Él. Por lo que yo puedo entender, Él solamente desea curarla. Deposite toda su confianza en Él, pronto verá usted los efectos que con frecuencia retrasamos por confiar más en las medicinas que en Dios.

Algunos de los remedios que usa actuarán solo en la medida en que Él lo permita. Cuando los dolores vienen de Dios, solo Él puede curarlos. A menudo nos deja las enfermedades del cuerpo para sanar las del alma. Consuélese con el soberano médico de las almas y los cuerpos.

Imagino que me dirá que soy un privilegiado, que como y bebo a la mesa del Señor. No le falta razón. Pero ¿supone que sería poco castigo para el mayor criminal del mundo comer a la mesa del rey y que este lo sirviese, sin estar seguro de su perdón? Creo que sentiría una gran pena que únicamente la confianza en la bondad de su soberano podría atenuar.

De modo que le puedo asegurar que, por más que sienta alguna dulzura al beber y comer a la mesa de mi rey, tanto mis pecados –siempre presentes ante mis ojos– como la incertidumbre de mi perdón me atormentan. Aunque realmente la pena me resulta agradable.

Conténtese con el estado en el que Dios la ha puesto. Por muy feliz que suponga que soy, le tengo envidia. Los dolores y los sufrimientos serán para mí un paraíso cuando sufra con Dios, y los mayores placeres serían para mí un infierno si los saborease sin Él. Todo mi consuelo sería sufrir algo por Él.

Pronto me llegará la hora de ir a ver a Dios, es decir, de ir a rendirle cuentas. Con ver a Dios un solo instante, las penas del purgatorio serían para mí dulces, aunque durasen hasta el fin del mundo.

Lo que me consuela en esta vida es que veo a Dios por medio de la fe. Y lo veo de un modo que a veces podría hacerme decir: «Ya no creo, sino que veo, experimento lo que la fe nos enseña». Y con esta seguridad y esta práctica de la fe, viviré y moriré con Él.

Así pues, manténgase siempre con Dios, es el único alivio para sus males. Yo le rogaré que le haga a usted compañía.

Saludos a la reverenda madre priora. Me encomiendo a sus santas oraciones, a las de esa bendita comunidad y a las de usted, y en nuestro Señor soy

afectuosamente suyo, etc.

CARTA XII

A la reverenda madre N...
[*sin fecha*]

Reverenda madre:

Puesto que desea con tanto interés que le haga partícipe del método que he seguido para llegar a este estado de presencia de Dios que nuestro Señor, por su misericordia, ha querido otorgarme, no le puedo ocultar que cedo con gran repugnancia a su inoportuna insistencia, pero solo con la condición de que no desvele a nadie el contenido de mi carta. Si yo supiese que va a mostrársela a alguien, ni todo el deseo que tengo por la perfección de usted me movería a satisfacer su demanda.

He aquí lo que le puedo decir. Habiendo encontrado en varios libros métodos diferentes para ir a Dios y prácticas diversas de la vida espiritual, pensé que esto serviría más bien para confundir mi espíritu que para facilitarme aquello que pretendía y buscaba, que no era otra cosa que un medio para pertenecer por entero a Dios. Esta convicción hizo que me comprometiera con todas mis fuerzas.

Así pues, después de haberme entregado por entero a Dios para reparar mis pecados, renuncié por su amor a todo lo que no era Él y comencé a vivir como si en el mundo no hubiera nadie más que Él y yo. Hubo veces en las que me veía a mí mismo como un pobre criminal a los pies de su juez, y otras lo miraba en mi corazón como mi padre, como mi Dios.

Lo adoraba tan a menudo como podía, manteniendo mi espíritu en su santa presencia y haciéndoselo recordar siempre que lo encontraba distraído. Hallé no poco sufrimiento en este ejercicio, en el que perseveraba a pesar de todas las dificultades que me salían al paso, sin alterarme ni preocuparme cuando me distraía sin querer.

No me ocupaba menos de Él durante el día que durante las oraciones, ya que todo el tiempo, a todas horas y en todo momento, incluso en lo más pesado de mi trabajo, desterraba y alejaba de mi espíritu cuanto pudiera quitarme el pensamiento de Dios.

Esta es, reverenda madre, mi práctica ordinaria desde que estoy en religión. Aunque la haya practicado con mucha cobardía y abundantes imperfecciones, siempre he obtenido grandes ventajas.

Sé bien que hay que atribuírselas a la misericordia y a la bondad del Señor, pues no podemos nada sin Él, y yo menos que nadie. Pero cuando somos fieles y nos mantenemos en su santa presencia y lo consideramos siempre ante nosotros, aparte de que esto nos impide ofenderlo o hacer nada que le desagrade, al menos de forma voluntaria, a fuerza de considerarlo así adquirimos una santa libertad para pedirle las gracias que necesitamos.

Por fin, a fuerza de reiterar estos actos, se nos hacen más familiares, y la presencia de Dios se vuelve como natural.

Le ruego, por favor, que se una conmigo en acción de gracias por la gran bondad que he recibido de Él, la cual no puedo admirar lo suficiente por el gran número de favores que ha concedido a este miserable pecador que soy. Bendito sea por todo. Amén.

En nuestro Señor,

afectuosamente suyo, etc.

CARTA XIII

A la reverenda madre N...
28 de noviembre de 1690

Mi piadosa madre:

Si estuviésemos acostumbrados al ejercicio de la presencia de Dios, todas las enfermedades del cuerpo nos parecerían ligeras. A menudo Dios permite que suframos un poco con el fin de purificar nuestra alma y de obligarnos a permanecer con Él.

No comprendo que un alma que está con Dios y que no lo quiere más que a Él sea capaz de sufrir. Lo he experimentado lo suficiente como para no dudar de ello.

Tenga usted valor, ofrézcale sin cesar sus penas, pídale fuerzas para soportarlas. Acostúmbrese, sobre todo, a conversar a menudo con Él y olvídelo lo menos posible.

Adórelo en sus dolencias, ofrézcase a Él en todo momento y, en lo más intenso de sus dolores, pídale humilde y amorosamente, como un hijo a su padre bueno, la conformidad con su santa voluntad y el auxilio de su gracia. Yo la ayudaré con mis pobres y débiles plegarias.

Dios tiene varios medios para atraernos a Él. A veces se nos oculta, y solo la fe, que no nos faltará en la necesidad, será nuestro apoyo y el fundamento de nuestra confianza, que debe estar por entero depositada en Dios.

Yo no sé qué quiere hacer Dios de mí. Cada vez me siento más feliz. Todo el mundo sufre, y yo, que debería imponerme rigurosas penitencias, experimento unas alegrías tan grandes y continuas que me cuesta moderarlas.

Le pediría con gusto a Dios una parte de los dolores que padece usted si no conociese yo mi debilidad, que es tan grande que, si Él me dejase un momento solo, sería la más miserable de las criaturas.

Sin embargo, no sé cómo podría dejarme solo, ya que la fe hace que lo pueda tocar con el dedo y Él nunca se aleja de nosotros si nosotros en ningún momento nos alejamos de Él.

Temamos alejarnos de Él, permanezcamos siempre en Él, vivamos y muramos con Él.

Pídaselo por mí y yo por usted.

Afectuosamente suyo, etc.

CARTA XIV

A la misma.
[sin fecha]

Mi piadosa madre:

Me apena verla sufrir durante tanto tiempo. Lo que suaviza la compasión que siento por sus dolores es que estoy convencido de que son pruebas del amor que Dios le tiene. Considérelos por ese lado y le serán fáciles de soportar. Mi consejo es que deje todos los remedios humanos y se abandone enteramente a la divina Providencia. Tal vez Dios no espere más que este abandono y una perfecta confianza en Él para sanarla. Puesto que, a pesar de todo el empeño que usted pone, los remedios no logran el efecto deseado, sino que, por el contrario, el mal se incrementa, ya no es tentar a Dios el abandonarse en sus manos y esperar todo de Él.

Recuerdo que en mi última carta le dije que algunas veces Él permite que el cuerpo sufra para curar la enfermedad de nuestras almas. Sea valiente, haga de la necesidad virtud. Pida a Dios no tanto que la libere de los dolores del cuerpo, como que le dé fuerzas para soportar con valentía por su amor todo lo que Él quiera y durante tanto tiempo como considere.

Estas oraciones son, en verdad, un poco duras para la naturaleza, pero muy agradables para Dios y dulces para quienes lo aman. El amor suaviza las penas, y cuando se ama a Dios se sufre por Él con alegría y coraje.

Hágalo, se lo ruego, y consuélese con Aquel que es el único remedio para todos nuestros males. Él es el Padre de los afligidos, siempre presto a socorrernos, y nos ama infinitamente más de lo que pensamos. Ámelo y no busque alivio más que en Él. Confío en que lo recibirá sin tardanza.

Hasta pronto. La ayudaré por medio de mis oraciones, por muy pobres que sean, y siempre en nuestro Señor seré afectuosamente suyo, etc.

Esta mañana, día de Santo Tomás, he ofrecido la comunión por usted.

CARTA XV

A la misma.
A mi queridísima madre N...
22 de enero de 1691

Mi queridísima madre:

Doy gracias al Señor por haberla aliviado un poco, según los deseos que me expresó.

He estado preparado para morir en numerosas ocasiones, y nada me hubiera hecho más feliz. De modo que no he pedido alivio, sino más bien fuerzas para sufrir con valor, humildad y amor.

Sea valiente, queridísima madre. ¡Qué dulce es sufrir con Dios! Por muy grandes que sean los sufrimientos, acójalos con amor. Sufrir y estar con Él se asemeja al paraíso.

Por eso, si queremos gozar ya en esta vida de la paz del paraíso, tenemos que habituarnos a conversar familiar, humilde y amorosamente con Él.

Hemos de impedir que nuestro espíritu se aleje de Él en ninguna ocasión. Tenemos que hacer de nuestro corazón un templo espiritual en el que adorarlo sin descanso.

Debemos vigilarnos sin cesar para no hacer ni decir ni pensar nada que pueda disgustarlo. Cuando estemos así dedicados a Dios, los sufrimientos no traerán más que ternura, unción y consuelo.

Sé que para llegar a ese estado el comienzo resulta muy arduo, y que hay que actuar solamente con fe. También sé que todo lo podemos con la gracia del Señor, que no la niega a quienes se la piden con insistencia.

Usted llame a su puerta, persevere en su invocación, y yo le garantizo que, si no se desanima, le abrirá a su debido tiempo y le dará de una sola vez todo aquello que haya diferido durante varios años.

Hasta pronto. Ruegue por mí como yo lo hago por usted. Espero verla en breve.

Estoy a su entera disposición en nuestro Señor.

CARTA XVI

A la misma.
6 de febrero de 1691

Mi piadosa madre:

Dios sabe muy bien lo que necesitamos y todo lo que hace es por nuestro bien. Si supiéramos cuánto nos ama, estaríamos siempre dispuestos a recibir de su mano tanto lo dulce como lo amargo, y hasta las cosas más penosas y duras nos serían suaves y agradables.

Generalmente, los castigos más duros parecen insoportables solo mirados desde cierta perspectiva, pero cuando estamos convencidos de que es la mano de Dios la que actúa en nosotros, que es un Padre lleno de amor el que nos lleva a esos estados de humillación, de dolor y de sufrimiento, toda la amargura se disipa y solo queda la dulzura.

Ocupémonos por entero en conocer a Dios. Cuanto más lo conocemos, más deseamos conocerlo. Y como el amor se suele medir por el conocimiento, cuanto más profundo y extenso sea este, más grande será el amor. Y si el amor es grande, lo amaremos por igual en las penas y en los consuelos.

No nos limitemos a buscar o a amar a Dios por las gracias que nos ha dado, por muy elevadas que sean, o por aquellas que pueda darnos. Esos favores, por muy grandes que sean, nunca nos acercarán tanto a Él como nos acerca simplemente la fe. Busquémoslo a menudo mediante esta virtud.

Él está entre nosotros, no lo busquemos en otro lugar. Somos descorteses, o hasta culpables, de dejarlo solo mientras nos ocupamos de mil y una bagatelas que le disgustan y que quizá lo ofenden. No obstante, Él las soporta, pero es de temer que un día nos cuesten demasiado.

Comencemos por entregarnos a Él de una vez por todas, desterremos de nuestro corazón y de nuestra mente todo aquello que no es Él. Porque Él quiere estar solo. Pidámosle esta gracia. Si ponemos todo lo que podemos de nuestra parte, pronto veremos en usted el cambio que esperamos. No puedo agradecerle lo suficiente el poco descanso que le ha dado.

Espero de su misericordia la gracia de verla en pocos días.

Recemos los unos por los otros.

En nuestro Señor soy

afectuosamente suyo, etc.

TESTIMONIOS
DE JOSEPH DE BEAUFORT
SOBRE EL HERMANO LORENZO

[Nota de la edición francesa]

Los escritos de Lorenzo de la Resurrección fueron editados en París el año 1692 gracias al cuidado del sacerdote Joseph de Beaufort. Aquella primera edición llevaba por título: *Dichos espirituales muy útiles a las almas piadosas para adquirir la presencia de Dios, recogidas de algunos manuscritos del hermano Lorenzo de la Resurrección, religioso lego de los carmelitas descalzos, con el resumen de la vida del autor y algunas cartas que escribió a personas piadosas.*

Dos años más tarde, pero esta vez en la ciudad de Châlons-en-Champagne, veía la luz una segunda edición de la obra con el título: *Las costumbres y conversaciones del hermano Lorenzo de la Resurrección, religioso carmelita descalzo, con la Práctica del ejercicio de la presencia de Dios extraída de sus cartas.*

Los tres subsidios que el P. de Beaufort redactó para completar los *Dichos* y las *Cartas* del hermano Lorenzo tenían como finalidad rescatar del olvido la figura y el mensaje del humilde carmelita. El primero de los textos recibió del entusiasta sacerdote el título de *Conversaciones*; el segundo, *Elogio*, y el tercero, *Costumbres*. Estos dos últimos son dos apasionadas reseñas biográficas, de carácter apologético, que se complementan entre sí.

Pero ¿quién fue el P. Beaufort, sin cuyo entusiasmo el mensaje espiritual del hermano Lorenzo apenas se habría conocido?

Joseph de Beaufort nació hacia el año 1653. Su progenitor era uno de los hombres de confianza del duque Anne de Noailles, padre del futuro cardenal Louis-Antoine de Noailles (1651-1729). Cuando en 1680 Louis-Antoine fue nombrado obispo de

Châlons-en-Champagne, decidió designar al joven Joseph de
Beaufort su vicario general. Se entenderá así por qué la segunda
edición de la obra de Lorenzo de la Resurrección, de 1694, se
publicó en aquella ciudad y con la recomendación del prelado,
que elogiaba el texto del hermano Lorenzo con estos términos:
«Recomendamos su lectura a cuantos deseen adquirir una verdadera piedad, persuadidos de que los *Ejemplos* y los *Dichos* de
este fiel siervo de Dios les serán de gran utilidad».

Louis-Antoine de Noailles había sido condiscípulo y amigo de Fénelon en el colegio de Plessis, cuando ambos cursaron
teología en París. Por esa razón debió resultarle especialmente
incómodo participar en junio de 1694, junto a Bossuet y Tronson, en las *Conversaciones de Issy*, donde se examinaron los
escritos de Madame Guyon, a quien se acusaba de quietismo.

Fénelon, preceptor del nieto del rey Luis XIV, no formaba
parte de la comisión, pero intervino en ella enviando numerosos
memoriales en favor de Madame Guyon, que había solicitado
ser examinada formalmente acerca de su fe y sus costumbres.

Los *Artículos de Issy* fueron firmados por los tres miembros de la comisión. Pero Noailles y Tronson, ambos obispos,
los utilizarán desde abril de 1695 para condenar oficialmente
a Madame Guyon. Es claro que esta toma de postura granjeó a
Noailles el apoyo de Madame de Maintenon, adversaria de
Madame Guyon, hasta el punto de recibir en agosto del mismo
año el nombramiento de arzobispo de París. A la nueva sede le
acompañó su fiel vicario general.

Por cuanto se refiere a Fénelon, apenas fue nombrado obispo de Cambrai redactó su *Explicación de los dichos de los santos sobre la vida interior*, obra que apareció en febrero de 1697.
Al principio, fueron numerosos los apoyos que se granjeó entre
jesuitas, dominicos y oratorianos; pero, tras ser criticada públi-
camente por Bossuet bajo la acusación de quietismo, Fénelon
temió la condena de la Asamblea del Clero y, en abril de 1697,
decidió apelar a Roma. Finalmente, el papa Inocencio XII, presionado por Bossuet, condenó veintitrés de sus proposiciones
en el breve *Cum alias*, de 12 de marzo de 1699.

Convine recordar, por otra parte, que Fénelon admiraba al hermano Lorenzo, a quien visitó poco antes de que muriera en 1691. El obispo de Cambrai evocará aquel encuentro en una carta de 1700: «Las palabras de los santos son muy distintas de los discursos de aquellos que han querido describirlos. Santa Catalina de Génova es un prodigio de amor. El hermano Lorenzo es tosco por naturaleza y delicado por gracia. Esta mezcla produce simpatía, y muestra a Dios en él. Yo lo he visto en persona, y hay un lugar del libro en que el autor, sin nombrarme, cuenta en dos palabras una excelente conversación que tuve con él sobre la muerte, cuando ya se encontraba muy enfermo y, sin embargo, desbordante de alegría» (Carta del 5 de agosto de 1700 a la condesa de Montberon).

Para defender sus *Dichos espirituales de los santos*, Fénelon puso como ejemplo la doctrina de Lorenzo de la Resurrección, según su parecer muy próxima a la de los místicos del puro amor. Pretendía así no solo justificarse, sino colocar frente a sus contradicciones al recién creado cardenal Noailles, que había elogiado los escritos del hermano Lorenzo en 1694.

De forma preventiva, pues los escritos del humilde carmelita podían ser acusados de jansenismo, el P. de Beaufort ya había publicado en París, el año 1697, un texto titulado: *Carta a Monseñor M***, para servir a la justificación de los libros de «Costumbres y conversaciones» del hermano Lorenzo de la Resurrección, carmelita descalzo, impreso en Châlons en 1694, por el autor del libro, sacerdote de la diócesis de París*. La carta indicaba su objetivo desde las primeras líneas: «Quisiera Dios —escribe Beaufort— que me fuera tan fácil imitar las sólidas virtudes del hermano Lorenzo como fácil me resulta justificarlo de la acusación de quietismo, en lo que he dicho de él o en lo que he contado de sus palabras. Aún no he visto lo que se ha escrito sobre este librito. Pero, como he sabido ayer que el señor abad de Chanterac lo ha llevado a Roma para servir a la justificación del libro de monseñor el arzobispo de Cambrai [Fénelon], el interés que tengo en la defensa del hermano Lorenzo me obliga a haceros ver la diferencia que hay entre uno y otro».

Todos los esfuerzos del P. Beaufort por salvaguardar la ortodoxia del hermano Lorenzo no fueron suficientes. De hecho, dos años más tarde apareció en Colonia una edición que ponía en paralelo los textos de Lorenzo y los de Madame Guyon. Su título no podía ser más explícito: *Recopilación de diversos tratados de teología mística que entran en la célebre disputa del quietismo que se agita actualmente en Francia.* Su contenido era el siguiente: I. *El medio corto y muy fácil de hacer oración.* II. *La explicación del Cantar de los cantares, los dos de Madame Guyon.* III. *El Elogio, los Dichos espirituales y algunas cartas del hermano Lorenzo de la Resurrección.* IV. *Las Costumbres y Conversaciones del mismo hermano Lorenzo, y su práctica del ejercicio de la presencia de Dios. Con un prefacio donde se ven muchos detalles de la vida de Madame Guyon.* El editor de este libro no era otro que el teólogo protestante Pierre Poiret, ferviente admirador de Fénelon, de Madame Guyon y de todos los místicos. El mismo Poiret publicó en 1710 una nueva edición de los textos de Lorenzo de la Resurrección. Será la última en lengua francesa hasta 1934.

Así pues, la condena de Madame Guyon, que acarreaba la de Fénelon y la de todos los místicos, marcará el final del gran impulso místico vivido en Francia durante la segunda mitad del siglo XVII. A este respecto puede servir de conclusión el juicio del renombrado historiador del jansenismo Louis Cognet, para quien la condena del breve *Cum alias* supuso que «el siglo XVIII viera en Francia la regresión casi total del misticismo católico, que se desvanecerá, aunque sin llegar a desaparecer por completo»[1].

1. Louis Cognet, *De la dévotion moderne à la spiritualité française*, Paris 1958.

CONVERSACIONES
CON EL HERMANO LORENZO

PRIMERA CONVERSACIÓN
3 DE AGOSTO DE 1666

Esta fue la primera vez que vi al hermano Lorenzo. Me dijo entonces que Dios le había concedido una gracia especial en su conversión, cuando estaba todavía en el mundo y contaba dieciocho años.

Un día, en invierno, mirando un árbol despojado de sus hojas y considerando que algún tiempo después esas hojas volverían a aparecer, y luego flores y frutos, recibió una elevada visión de la providencia y del poder de Dios que nunca se borró de su alma.

Esta visión lo apartó enteramente del mundo, y le infundió tal amor por Dios que no era capaz de decir si había aumentado cuarenta años después de recibir esa gracia.

Refirió que había sido lacayo de M. de Fieubet, el tesorero de ahorros, y que era muy patoso y lo rompía todo.

Pidió entrar en religión, creyendo que lo despellejarían por las torpezas y las faltas que allí cometería, y para ofrecer en sacrificio su existencia y agradar en todo a Dios. Pero el Señor lo había engañado, porque solo encontró en aquel paso satisfacción. Eso le hacía decir con frecuencia a Dios: «Me has engañado».

Comentaba que hay que ponerse en la presencia de Dios y conversar continuamente con Él. También que resulta vergonzoso abandonar el trato con Él para dedicarse a pensar en bagatelas.

Tenemos que alimentar nuestra alma con una idea elevada de Dios y así adquiriremos la gran alegría de ser suyos.

Hemos de vivificar nuestra fe. Es lamentable que tengamos tan poca fe. En lugar de tomarla por nuestra regla y norma de conducta, nos distraemos con pequeñas devociones que cambiamos cada día. Este camino de fe es el espíritu de la Iglesia y basta para alcanzar una elevada perfección.

Tenemos que darnos por entero y con un puro abandono en Dios, en lo temporal y en lo espiritual, y hallar nuestro contento en hacer su voluntad, tanto si nos conduce a través de sufrimientos como si nos rodea de consuelos. Todo debe tener el mismo valor para quien verdaderamente se abandona en Dios. Hace falta fidelidad en las arideces con las que Él prueba el amor que le tenemos. Ahí es donde hacemos las buenas obras de resignación y de abandono, alguna de las cuales termina por hacernos avanzar mucho.

El hermano Lorenzo aseguraba que ante las miserias y pecados de los que oía hablar cada jornada, en lugar de extrañarse, le sorprendía que no se cometieran todavía más, en vista de la maldad de la que es capaz el pecador. Rezaba por él, pero como confiaba en que Dios podía remediarlo cuando quisiera, olvidaba de inmediato su aflicción.

Decía que, para conseguir abandonarse en Dios con la perfección que Él desea de nosotros, hay que vigilar atentamente todos los movimientos del alma, que se mezclan tanto con las cosas espirituales como con las más groseras. Dios da luz para ello a los que desean verdaderamente ser suyos.

Me aseguraba que, si yo tenía esa intención, podía consultarle cuando quisiera, sin temor a importunarlo. Pero sin ella no debía ir a verlo.

SEGUNDA CONVERSACIÓN
28 DE SEPTIEMBRE DE 1666

El hermano Lorenzo manifestaba que se había conducido siempre por amor, sin ningún otro interés, sin preocuparse por si se condenaría o se salvaría. Pero que, habiéndose propuesto como fin de sus acciones el hacerlas todas por amor de Dios, se había sentido muy bien.

Se gozaba cuando podía levantar una paja del suelo por amor de Dios, buscándolo exclusivamente a Él y no otra cosa, ni siquiera sus dones.

Decía que esta conducta del alma obliga a Dios a concederle gracias infinitas, pero que, al recibir el fruto de estas gracias, es decir, el amor que nace de ellas, hay que evitar aficionarse a ellas, diciendo que todo eso no es Dios, puesto que sabemos por la fe que Él es infinitamente más grande y totalmente distinto de lo que sentimos en ellas.

Cuando se actúa así, tiene lugar un maravilloso combate entre Dios y el alma: Dios da y el alma niega que lo que recibe sea Dios. En este combate, el alma es por la fe tan fuerte como Dios, e incluso más, ya que por mucho que Él dé, ella siempre negará que lo que da sea Él.

Decía que el éxtasis y el arrobamiento no son momentos en los que un alma se distrae con el don, en lugar de rechazarlo e ir a Dios más allá de su don. Si no es por sorpresa, no nos dejamos llevar a ello. Dios, no obstante, es el que dispone.

Decía que Dios recompensa con tanta prontitud y de modo tan magnífico todo lo que se hace por Él, que en ocasiones había deseado poder ocultar a Dios lo que él hacía por su amor, a fin de tener el placer, al no recibir recompensa, de hacer algo puramente por Dios.

Había sentido una gran pena en su espíritu al creer, sin la más mínima duda, que estaba condenado. Ningún hombre del mundo habría podido convencerlo de lo contrario. Pero había razonado sobre ello de este modo: «Yo tan solo he entrado en religión por amor a Dios, tan solo he tratado de actuar por Él. Me condene o me salve, quiero seguir actuando siempre exclusivamente por amor a Dios. Al menos tendré de bueno que, hasta la muerte, haré lo que esté en mi mano para amarlo».

Esta pena le había durado cuatro años, durante los cuales había sufrido mucho. Después ya no pensaba ni en el paraíso ni en el infierno. Toda su vida no era más que tomarse toda clase de libertades y sentir un gozo continuo.

Ponía sus pecados entre Dios y él, como para decirle que no merecía sus favores, pero que esto no impedía a Dios colmarlo de ellos. A veces lo tomaba como de la mano y lo llevaba ante la corte celestial, para mostrar a qué hombre miserable se complacía en conceder sus favores.

Decía que al principio uno necesita una cierta aplicación para adquirir el hábito de conversar continuamente con Dios y para contarle todo lo que hace. Pero, tras un poco de atención, uno se siente espoleado por su amor sin ningún esfuerzo.

Él se esperaba que después de experimentar tanta felicidad como Dios le daba, debería pasar a su vez por penas y sufrimientos. Pero no se preocupaba por ello, pues sabía que, como no podía nada por sí mismo, Dios no dejaría de darle la fuerza para soportarlos.

Siempre que se le presentaba la ocasión de practicar alguna virtud, se dirigía a Dios con estas palabras: «Dios mío, no podré hacer esto si tú no me concedes hacerlo», y enseguida recibía fuerza para eso y mucho más.

Cuando había fallado, no hacía sino confesar su falta y decir a Dios: «Seguiré cayendo en lo mismo si tú me dejas que lo haga. A ti te corresponde impedirlo y corregir lo que no hago bien». Después no se obsesionaba con su falta.

Decía que hay que tratar con mucha sencillez con Dios y hablarle sinceramente, pidiéndole ayuda a medida que se presentan las situaciones. Dios no deja de darla y él lo había experimentado a menudo.

Cierto día, le encargaron ir a comprar vino a Borgoña, lo cual le resultaba muy duro, porque, aparte de que no tenía habilidad para los negocios, era cojo de una pierna y en el barco terminaría rodando entre los toneles. Pero no se hacía problema, como tampoco negociar la compra de vino. Ponía el asunto en manos de Dios, y después encontraba que todo se hacía y se hacía bien.

El año anterior lo habían enviado a Auvergne para lo mismo. No puede decir cómo se hizo. No fue él quien lo hizo, pero salió a la perfección.

Lo mismo en la cocina, que era lo que más aborrecía. Tras acostumbrarse a hacerlo todo por amor a Dios y a pedirle de continuo su gracia, había encontrado una gran facilidad durante los quince años que se ocupó de eso.

Un tiempo se ocupó de la zapatería, que le gustaba mucho, pero siempre estaba dispuesto a dejar este empleo como los demás. Y, allí donde estuviera, se alegraba de realizar cualquier tarea humilde por amor a Dios.

Decía que, para él, el tiempo de la oración no era diferente de otro. Hacía sus retiros cuando el padre prior disponía, pero no los deseaba ni los pedía, pues ni la tarea más ardua lo apartaba de Dios.

Sabiendo que hay que amar a Dios en todas las cosas y esforzándose en cumplir este deber, no necesitaba director, sino solamente un confesor para recibir la absolución de las faltas que cometía. Se daba perfecta cuenta de sus faltas y no le extrañaban. Se las confesaba a Dios y no pleiteaba contra Él para excusarlas. Pero después volvía en paz a su ejercicio ordinario de amor y adoración.

Decía que en sus dificultades nunca había consultado a nadie, sino que, con la luz de la fe, sabiendo únicamente que Dios estaba presente, se contentaba con actuar para Él, pasara lo que pasara, y deseaba perderse así por amor a Dios, lo cual le hacía encontrarse.

Decía que los pensamientos lo echan todo a perder: el mal comienza por ellos. Y tenemos que rechazarlos diligentemente en cuanto nos damos cuenta de que no son necesarios para nuestra ocupación presente o para nuestra salvación, y reanudar nuestra conversación con Dios, que es lo que importa.

En sus inicios, solía pasar el tiempo que debía dedicar a la oración rechazando los pensamientos y volviendo a caer en ellos. Nunca había podido orar exactamente según la regla, como los demás. Sin embargo, al principio se había esforzado en ello. Pero después, no sabía cómo, lo consiguió, y le resultaba imposible explicarlo.

Había pedido seguir siendo novicio, pues no creía que lo quisieran recibir en la profesión y no podía imaginarse que hubieran pasado ya dos años.

Decía que no era lo bastante osado como para pedirle a Dios penitencias; que ni siquiera deseaba hacerlas, pero que sabía bien que las merecía mucho y que, cuando Dios se las enviara, Él le daría también la gracia de hacerlas.

Dado que las penitencias y el resto de ejercitaciones no sirven más que para llegar a la unión con Dios por amor, después de pensar mucho en ello había encontrado que un camino más corto y directo era la práctica continua del amor, haciendo todo por amor a Dios.

Decía que hay que distinguir cuidadosamente entre los actos del entendimiento y los de la voluntad. Los primeros son poca cosa, mientras que los otros lo son todo: basta con amar y alegrarse con Dios.

Aunque hiciéramos todas las penitencias posibles, si están separadas del amor, no servirían ni para borrar un solo pecado. Tenemos que esperar, sin obsesionarnos, la remisión por la sangre de Jesucristo, esforzándonos únicamente en amarlo de todo corazón.

Más que a los que han permanecido en la inocencia, Dios parece escoger a quienes han sido los mayores pecadores para concederles sus mayores gracias, porque de esta forma pone más de manifiesto su bondad.

Decía que él no pensaba en la muerte, ni en sus pecados, ni en el paraíso, ni en el infierno, sino solo en hacer cosas pequeñas por amor a Dios, ya que no era capaz de hacer grandes cosas. Después le sucedería lo que Dios quisiera. Eso no le preocupaba.

Decía que, si lo despellejaran vivo, eso no sería nada en comparación con lo que había sufrido interiormente, ni con las grandes alegrías que había experimentado y experimentaba a menudo. Por eso no le preocupaba nada ni temía nada, y lo único que le pedía a Dios era no ofenderlo.

Me dijo que no sentía escrúpulos, pues «cuando me doy cuenta de que he fallado, lo reconozco y digo: 'Soy así, no sé hacer otra cosa'. Si no he fallado, le doy gracias a Dios y confieso que eso procede de Él».

TERCERA CONVERSACIÓN
22 DE NOVIEMBRE DE 1666

El hermano Lorenzo me comentó que el fundamento de su vida espiritual había sido una elevada idea y estima de Dios gracias a la fe, y que, una vez concebida, no había tenido más preocupación que rechazar al principio cualquier otro pensamiento, para realizar todas sus acciones por amor a Dios.

Cuando a veces pasaba largo tiempo sin pensar en ello, no se preocupaba, sino que, tras confesar a Dios su miseria, volvía con tanta más confianza a Él cuanto más miserable se sentía por haberlo olvidado.

Me dijo que a Dios le honra sobremanera la confianza que ponemos en Él, y que a nosotros esta confianza nos procura grandes gracias.

Es imposible que Dios engañe, y aún más que deje sufrir mucho tiempo a un alma que se ha entregado a Él y ha decidido soportarlo todo por Él.

Había logrado no pensar más que en Dios, y cuando lo acechaban otros pensamientos o alguna tentación, lo presentía. Como tenía experiencia de que Dios lo socorría sin tardanza, en ocasiones dejaba que avanzaran los pensamientos o ciertas tentaciones, si bien, cuando el momento era propicio, se dirigía a Dios y se desvanecían de inmediato.

Sobre esta misma experiencia, cuando tenía algún asunto externo, no pensaba en él con anticipación, sino justo cuando ya debía actuar, y encontraba en Dios como en un claro espejo lo que era necesario hacer en ese instante. Esta manera de actuar sin preocuparse anticipadamente la había aprendido con el tiempo. Antes de tener experiencia del rápido auxilio de Dios en sus asuntos, era previsor.

No recordaba las cosas que había hecho y apenas si las advertía cuando se ocupaba de ellas. Al levantarse de la mesa no sabía lo que había comido. Pero, gracias a su sencilla espontaneidad, todo lo hacía por amor a Dios, y le daba gracias por haber dirigido sus obras e infinidad de actos variados. Y todo con mucha sencillez, de modo que lo conectaba con la presencia amorosa de Dios.

Cuando una ocupación externa lo distraía un poco de pensar en Dios, este le inspiraba algún recuerdo que absorbía su alma y le hacía pensar intensamente en Él, y en ocasiones lo encendía y lo inflamaba con tanta fuerza que gritaba y sentía vehementes impulsos de cantar y saltar como un loco.

Estaba mucho más unido a Dios durante sus ocupaciones ordinarias que cuando las dejaba para hacer las prácticas propias del retiro espiritual, de donde por lo normal salía con mucha frialdad.

Decía que quizá en el futuro podría sobrevenirle alguna gran pena de cuerpo o de espíritu, y que lo peor que le podría ocurrir era perder sensiblemente a Dios, al que poseía desde hacía tanto tiempo. Pero la bondad de Dios le aseguraba que no lo abandonaría absolutamente y que le daría fuerzas para soportar el mal que permitiera que le sucediese. Por eso no temía nada y no necesitaba hablar de su alma con nadie.

Cuando había querido hacerlo, había terminado siempre sumido en una gran confusión. Puesto que deseaba morir por amor a Dios y perderse en Él, no tenía ninguna aprensión. Consideraba que el abandono completo a Dios es el camino seguro y en el que siempre hay luz para conducirse.

Al principio, se necesita ser fiel para actuar y renunciar a uno mismo. Pero después no hay más que contentos indecibles. En las dificultades basta con recurrir a Jesucristo y pedirle su gracia, con la que todo se vuelve fácil.

Nos detenemos en penitencias y ejercitaciones particulares y dejamos a un lado el amor, que es el fin. Esto se pone bien de manifiesto en las obras, y asimismo es la causa de que se vea tan poca virtud sólida.

No se necesita finura ni ciencia para ir a Dios, sino solo un corazón resuelto a dedicarse únicamente a Él y a entregarse a Él y a no amar nada más que a Él.

CUARTA CONVERSACIÓN
25 DE NOVIEMBRE DE 1667

El hermano Lorenzo me habló largamente con gran fervor de su manera de ir a Dios, de la que ya he contado algo.

Me dijo que la clave está en renunciar de una vez a todo lo que reconocemos que no tiende a Dios, para acostumbrarnos a conversar continuamente con Él, sin misterios ni sutilezas.

Basta con reconocer a Dios íntimamente presente en nosotros y dirigirnos en todo momento a Él para pedirle su ayuda, para conocer su voluntad en las cosas dudosas y para hacer únicamente aquello que vemos con claridad que Él nos pide, ofreciéndoselo antes de hacerlo y dándole después gracias por haberlo hecho por Él.

En esta conversación continua nos ocupamos también de alabar, adorar y amar incesantemente a Dios por sus infinitas bondades y perfecciones.

Debemos pedirle con absoluta confianza su gracia, sin tener en cuenta nuestros pensamientos, basándonos en los méritos infinitos de nuestro Señor Jesucristo. Dios, en cada acción, no deja de ofrecernos su gracia. Él lo notaba sensiblemente y no dejaba de hacerlo más que cuando estaba distraído de la compañía de Dios u olvidaba pedirle ayuda.

En las dudas Dios no deja nunca de dar luz cuando no se tiene otro designio que complacerlo y actuar por su amor.

Decía que nuestra santificación no depende de que cambiemos nuestras obras, sino de que hagamos por Dios lo que normalmente hacemos por nosotros mismos. Da pena ver cuántas personas se apegan a ciertas obras que hacen solo de modo imperfecto movidas por muchas consideraciones humanas, tomando siempre los medios por el fin.

No encontraba un medio más excelente para ir a Dios que las obras corrientes que le estaban prescritas por obediencia, purificándolas cuanto podía de cualquier consideración humana y haciéndolas por puro amor a Dios.

Decía que es una gran equivocación creer que el tiempo de la oración debe ser diferente del otro: estamos tan obligados a permanecer estrechamente unidos a Dios por la acción en el momento de la acción como por la oración en el momento de la oración.

Decía que su oración ya no era más que presencia de Dios, y que su alma moría a cualquier cosa que no fuera el amor.

Pero, fuera de ese tiempo, no encontraba apenas diferencia, pues se mantenía siempre junto a Dios alabándolo y bendiciéndolo con todas sus fuerzas, y pasaba su vida en una continua alegría, pero esperando que Dios le daría algo que sufrir cuando él fuera más fuerte.

Decía que basta con confiar en Dios y entregarse solo a Él, porque Él no nos engaña.

No debemos cansarnos de hacer pequeñas cosas por amor a Dios, que no mira la grandeza de la obra, sino el amor. No nos extrañe fallar a menudo al principio; al final adquirimos el hábito que nos permite realizar nuestros actos sin pensar en ellos y con admirable deleite.

Basta con cultivar la fe, la esperanza y la caridad para unirse en exclusiva a la voluntad de Dios. Todo lo demás es indiferente, y no hay que detenerse en ello más que como en un puente, y pasar muy deprisa para ir a perderse en el fin único con confianza y amor.

Todo es posible al que cree, todavía más al que espera, todavía más al que ama, y todavía más al que practica con perseverancia estas tres virtudes.

El fin que debemos proponernos es ser, ya en esta vida, los adoradores de Dios más perfectos que nos sea posible, como esperamos serlo durante toda la eternidad.

Cuando emprendemos la vida espiritual, tenemos que considerar a fondo quiénes somos, y entonces nos descubriremos merecedores de desprecio, indignos del nombre de cristianos, sujetos a toda clase de miserias y a una infinidad de accidentes que nos perturban y alteran nuestra salud, nuestros estados de ánimo, nuestra disposición interior y exterior; en fin, personas a las que Dios quiere humillar mediante una infinidad de penas y de trabajos, tanto externos como internos.

Después de esto, ¿tenemos que extrañarnos de que nos lleguen penas, tentaciones, oposiciones y contradicciones por parte del prójimo? ¿No debemos, más bien, someternos a ellas y soportarlas tanto tiempo como Dios quiera, como algo que nos conviene?

Un alma depende tanto más de la gracia cuanto más elevada sea la perfección a la que aspira.

ELOGIO
SOBRE EL HERMANO LORENZO

Es una verdad constante en la Escritura que el brazo de Dios no se ha empequeñecido y que su misericordia no decrece por nuestras miserias. El poder de su gracia no es menor hoy que en los tiempos del nacimiento de la Iglesia.

Como el Señor ha querido hasta el fin del mundo perpetuarse en personas santas que le rindieran un culto digno de su grandeza y de su majestad, y que por la santidad de su ejemplo fueran modelos de virtud, no se ha contentado con hacer que nacieran en los primeros siglos hombres y mujeres extraordinarios que cumplieran dignamente esta doble obligación, sino que sigue suscitando de vez en cuando a quienes cumplen perfectamente estos deberes y, conservando en ellos las primicias del Espíritu, lo transmiten y lo hacen revivir en los demás.

* * *

Por mi parte, voy a hacer el elogio del hermano Lorenzo de la Resurrección, religioso carmelita descalzo, que Dios ha hecho nacer en estos últimos tiempos para que le rinda todos los homenajes que le son debidos y para que, con los raros ejemplos de su piedad, anime a los hermanos a poner en práctica todas las virtudes.

Se llamó en el siglo Nicolás Herman. Su padre y su madre, personas de bien y de vida ejemplar, le inspiraron el temor de Dios desde su infancia y lo educaron con esmero según criterios santos y conformes al Evangelio.

La región de Lorena, que lo vio nacer en Hériménil, lo involucró en sus desgraciados disturbios, de modo que él abrazó la profesión de las armas. Pero Dios lo ayudó con sus bondades y misericordias, e hizo que anduviera con sencillez y rectitud.

Tropas alemanas que iban de paso lo hicieron prisionero bajo la acusación de espionaje. ¿Quién podría imaginar hasta dónde llegó su paciencia y su entereza en semejantes circunstancias? Lo amenazaron con ahorcarlo, pero él, sin asustarse, respondió que no era quien suponían y que, sin embargo, como su conciencia no le reprochaba ningún delito, contemplaba la muerte con indiferencia. Tras esto, los oficiales lo soltaron.

Cuando los suecos hicieron una incursión en la Lorena y atacaron a su paso la pequeña ciudad de Rambervillers, nuestro soldado fue herido, y ello lo obligó a retirarse a casa de sus padres, que no estaba lejos.

Tal contingencia hizo que abandonara la profesión de la guerra para emprender una más santa y combatir bajo el estandarte de Jesucristo. Lo que le quitó el gusto por un estado de vida tan azaroso no fueron vanos arrebatos de una devoción repentina, sino la piedad sincera, que lo llevó a tomar la resolución de volverse por entero a Dios y corregir su conducta pasada.

Este Dios de todo consuelo, que lo destinaba a una vida más santa, le hizo vislumbrar la nada de las vanidades del mundo y lo llenó de amor a las cosas celestiales. Sin embargo, estas primeras impresiones de la gracia no produjeron todo su efecto al principio.

Una y otra vez seguía pensando en su anterior vida militar, en las vanidades y vicios del siglo, la frivolidad de los hombres, las traiciones de los enemigos, la infidelidad de los amigos. Y solo después de intensas reflexiones, de rudos combates interiores, de lágrimas y suspiros fue cuando, vencido al fin por la fuerza de las verdades eternas, tomó la firme resolución de comprometerse para siempre en la práctica del Evangelio y de seguir tras los pasos de un santo religioso carmelita descalzo, que era tío suyo y que le hizo conocer que el aire del mundo es insano y que, aunque no golpea mortalmente a todos los que lo respiran, al menos altera o corrompe las costumbres de quienes asumen sus valores.

Los sabios consejos de este director perspicaz allanaron a Herman el camino de la perfección. Por otro lado, las hermosas disposiciones de su alma contribuyeron no poco a ello. La sensatez y la prudencia que se manifestaban hasta en su rostro le resolvieron pronto todas las dificultades que el mundo y el demonio suelen oponer a quienes desean cambiar de vida. Esta firmeza prudente que le era tan natural lo determinó a ello con tanta generosidad que lo alcanzó de golpe y como de milagro.

Meditando en las promesas de su bautismo, en los desórdenes de su juventud, en los misterios de nuestra fe cristiana y sobre todo en la Pasión de Jesucristo, en la que no pensaba nunca sin emocionarse profundamente, se transformó en un hombre distinto y la humildad de la cruz le pareció más hermosa que toda la gloria del mundo.

Ardiendo de este modo con un fervor completamente divino, buscaba a Dios, según el consejo del apóstol, con corazón sencillo y sincero. Pensaba únicamente en retirarse a la soledad para llorar allí sus faltas, pues era de una edad lo bastante madura como para no tener que reprocharse ninguna sorpresa, y ponderar de una y otra forma la decisión de retirarse. Finalmente, encontró una ocasión favorable para ello, como enseguida voy a relatar.

* * *

Hubo un gentilhombre, a quien la nobleza y el valor prometían una posición ventajosa, pero que, poco satisfecho de sí mismo, siempre preocupado en medio de sus riquezas y convencido de que Dios era el único que podía colmar sus grandes deseos, había preferido la pobreza evangélica a todos los tesoros de la tierra.

Entonces se retiró a una ermita para gustar allí de hasta qué punto el Señor es dulce para los que lo buscan con sinceridad. Nuestro Herman no pudo por menos de aprovechar la feliz ocasión que salía a su encuentro. Hastiada su alma de la existencia que llevaba, comenzó a desear el reposo. Acompañado de un guía tan fiel, nada le impidió retirarse al desierto, donde la fuerza de Cristo que sentía que lo animaba disipó sus temores e hizo que se uniera a Dios más que nunca.

Pero si bien la vida eremítica es excelente para los avanzados y los perfectos, no suele ser la mejor para los principiantes. Nuestro nuevo ermitaño se dio cuenta de esto y, al ver que en su alma reinaban sucesivamente la alegría, la tristeza, la paz, la turbación, el fervor, la falta de devoción, la confianza y el abatimiento, dudó de la bondad de su camino, y quiso entrar en una congregación para abrazar un género de vida cuyos reglamentos, no basados en la arena movediza de una devoción pasajera, sino en la roca firme de Jesucristo, que es el fundamento de todas las instituciones religiosas, lo tranquilizaran contra la inestabilidad de su conducta.

Sin embargo, asustado ante la visión de un compromiso perpetuo y tentado quizá por el demonio, no era capaz de tomar esa decisión. Cada día estaba más indeciso, hasta que, tras prestar de nuevo oído a Dios, que lo llamaba de un modo tan dulce, fue a París a solicitar el hábito religioso, que recibió entre los legos de la orden de los carmelitas descalzos junto con el nombre de Lorenzo de la Resurrección.

Desde el comienzo de su noviciado se aplicó con mucho fervor a los ejercicios de la vida religiosa. Su piedad se dirigió especialmente a la Virgen. Era muy devoto de ella, tenía una confianza filial en su protección. Ella era su asilo en todas las vicisitudes de su vida, en los problemas y las preocupaciones que agitaban su alma, de modo que la solía llamar «mi madre buena».

Se entregó sobre todo a la práctica de la oración. Por grandes que fueran sus ocupaciones, nunca le hicieron perder el tiempo destinado a este santo ejercicio. La presencia de Dios y la caridad, que son sus efectos, fueron sus virtudes más queridas y en poco tiempo lo convirtieron en modelo de sus connovicios. Asimismo, la gracia victoriosa de Jesucristo le hizo abrazar con ardor la penitencia y buscar las austeridades de las que la naturaleza huye con tanta aversión.

Aunque los superiores destinaban a Lorenzo a los oficios más serviles, nunca dejó escapar una queja. Al contrario, la gracia, que no rechaza lo que es rudo y difícil, lo sostuvo en unas ocupaciones en las que todo resulta desagradable y aburrido. Por más repugnancia que él sintiera en su naturaleza, las aceptaba con gusto, considerándose dichoso de sufrir o de ser humillado a ejemplo del Salvador.

El conocimiento que tenían de su mérito y la estima que se había granjeado por los actos heroicos de su virtud obligaron al maestro de novicios, para probar su vocación y la solidez de su espíritu, a aumentar las dificultades, a presionarlo con diferentes tareas y a emprenderla contra un alma fuerte que, lejos de desanimarse con esta prueba, la resistió con la fidelidad que se podía esperar de ella.

Esto se demostró también en otra ocasión, cuando, a un religioso que había ido a decirle que corría el rumor de que iban a expulsarlo del monasterio, le respondió así: «Estoy en manos de Dios. Él hará de mí lo que quiera. Yo no actúo para que me respeten los hombres. Y si no lo sirvo aquí, lo serviré en otra parte».

*   *   *

Llegado el momento de su profesión, no dudó en sacrificar todo a Dios sin reservas. Podría yo contar aquí muchas hermosas acciones que convencerían al lector de la integridad de su sacrificio y que merecerían una atención particular. Pero las paso en silencio para extenderme más en las penas interiores con las que su alma fue afligida, en parte por una disposición de la providencia divina que lo permitía así para purificarlo, y en parte también por su falta de experiencia y por querer caminar a su modo en la vida espiritual.

Contemplaba los pecados de su vida pasada, y esta visión le causaba horror y le volvía tan pequeño y tan despreciable a sus ojos que se juzgaba indigno de las más mínimas caricias del Esposo. Sin embargo, se veía extraordinariamente favorecido por ellas. Pero, a causa del humilde sentimiento que tenía de su propia miseria, no se atrevía a aceptar los bienes celestiales que Él le ofrecía, pues no sabía aún que Dios es tan misericordioso como para comunicarse a un pecador como él creía ser.

Fue entonces cuando el temor a que todo fuera una ilusión comenzó a apoderarse intensamente de su corazón, y su estado le pareció tan incierto que ya no sabía qué hacer. Esto le causó unos tormentos tan terribles que no podía expresarlos más que comparándolos con los del infierno.

En este lamentable estado se iba a menudo a un lugar retirado próximo a su celda, donde había una imagen del Salvador atado a la columna. Allí, con el corazón afligido y sin dejar de llorar, se desahogaba ante su Dios y le suplicaba que no lo dejara perecer, ya que ponía toda su confianza en Él y no tenía otra intención que complacerlo.

No obstante, por más que rezó a Dios, sus penas no dejaron de aumentar, con unos temores y unas dudas tan agobiantes que su espíritu se quedó como bloqueado. La soledad, que había contemplado como un puerto seguro, le pareció entonces un mar agitado por furiosas tempestades.

Su espíritu, alarmado como un navío batido por los vientos y la tempestad, abandonado por su piloto, no sabía qué rumbo tomar ni qué resolver. Por un lado, sentía una inclinación secreta que lo conducía al Señor a través de una inmolación continua de sí; por otro, el miedo que tenía a apartarse del camino ordinario le hacía resistirse inocentemente a Dios.

Todas estas visiones desagradables para su forma de ser lo llenaban de horror, y todo le parecía espantoso. Además, su alma estaba sumida en tal amargura y en tinieblas tan espesas que no recibía ningún auxilio ni del cielo ni de la tierra.

Este trato tan áspero es, no obstante, el que Dios da a menudo para probar la virtud de sus verdaderos servidores antes de confiarles los inestimables tesoros de su sabiduría. Y también es el que dispensó al hermano Lorenzo.

No podemos imaginar hasta dónde llegaba su paciencia, su mansedumbre, su moderación, su firmeza y su tranquilidad en todo tipo de pruebas; qué humilde era en sus sentimientos y en su conducta. Como tenía tan pobre opinión de sí mismo, estimaba verdaderamente el sufrimiento y las humillaciones, de modo que se limitó a pedir el cáliz del Señor y tuvo que beberlo hasta lo más amargo.

Por otra parte, ojalá Dios hubiera tenido a bien conservarle algo de la unción que había sentido al comienzo de su penitencia. Pero no, todo se lo quitó. Diez años de temores y perturbaciones sin apenas descanso. No sentía ningún gusto en la oración, ningún alivio para sus penas. Esto le hacía la vida tan penosa y le provocaba un ansia tan extrema, que sentía asco de sí mismo y no se soportaba, de manera que la fe desnuda era su único apoyo.

En medio de esta multitud de pensamientos encontrados, que lo llevaban a un desasosiego insoportable, su coraje no lo abandonó. Al contrario, en lo más intenso de sus penas siguió recurriendo a la oración, al ejercicio de la presencia de Dios, a la práctica de todas las virtudes cristianas y religiosas, a las austeridades corporales, a los gemidos, a las lágrimas y a largas vigilias. Pasaba algunas noches casi enteras ante el Santísimo Sacramento, donde finalmente un día, reflexionando sobre las penas que afligían su alma y sabiendo que las sufría por amor a Dios y por miedo a disgustarlo, tomó la generosa resolución de soportarlas no solo el resto de su vida, sino también durante toda la eternidad si Dios quería ordenarlo así: «Pues –decía– ya no me importa lo que yo haga o sufra, siempre que permanezca amorosamente unido a su voluntad, y este es mi único interés».

Esa era justamente la disposición que Dios quería que tuviera para colmarlo con sus gracias. Y desde ese momento, su corazón se volvió más firme que nunca. Y Dios, que no necesita ni tiempo ni muchos razonamientos para hacerse oír, le abrió los ojos de golpe.

Lorenzo divisó un rayo de una luz divina que, iluminando su espíritu, disipó todos sus temores e hizo cesar sus penas, y las gracias que recibió lo compensaron con creces de todas sus pasadas aflicciones. Entonces experimentó lo que dice el gran santo Gregorio, que el mundo le parece muy pequeño a un alma que contempla las grandezas de Dios.

No permiten dudar de ello las cartas que dirigió a una religiosa carmelita, en una de las cuales escribió estas palabras: «El mundo entero ya no me parece capaz de hacerme compañía. Todo lo que veo con los ojos del cuerpo pasa ante mí como fantasías y sueños. Únicamente deseo lo que veo con los ojos del alma, y el verme todavía algo alejado de ello es lo que constituye mi melancolía y mi tormento. Deslumbrado, por una parte, por la claridad de este divino Sol de justicia que disipa las sombras de la noche, y cegado, por otra, por el lodo de mis miserias, me encuentro con frecuencia como fuera de mí mismo. Sin embargo, mi ocupación más normal es permanecer en la presencia de Dios con toda la humildad de un siervo inútil, pero fiel».

Este santo ejercicio formó su carácter particular, y el hábito que adquirió se volvió tan natural que, como él mismo explicó en alguna de sus cartas y en lo que escribió en otros lugares, pasó los últimos cuarenta años de su vida en un ejercicio actual de la presencia de Dios, o, para utilizar sus palabras, en una «conversación muda y familiar con Él».

En cierta ocasión, un religioso le preguntó sobre el medio del que se había servido para adquirir el hábito de la presencia de Dios y cuyo ejercicio le era tan fácil y tan continuo. Él se limitó a contestar con su habitual sencillez: «Desde que entré en religión, miré a Dios como término y fin de todos los pensamientos y afectos de mi alma. Al comienzo de mi noviciado, durante las horas destinadas a la oración, me dedicaba a convencerme de la verdad del ser divino más por las luces de la fe que por el trabajo de la meditación y del discurso, y por este camino corto y seguro avanzaba en el conocimiento de este amable objeto con el que decidía permanecer siempre.

Convencido como estaba de la grandeza de este ser infinito, iba a encerrarme en el lugar que la obediencia me había asignado, que era la cocina. Allí, en soledad, tras haber preparado todas las cosas correspondientes a mi tarea, entregaba a la oración el tiempo que me quedaba, tanto antes como después del trabajo. Al comienzo de mis ocupaciones, decía a Dios con confianza filial: 'Dios mío, puesto que estás conmigo y por orden tuya debo dedicar mi espíritu a estas cosas exteriores, te ruego que me concedas la gracia de permanecer contigo y hacerte compañía. Y para que esto sea mejor, Señor mío, trabaja conmigo, recibe mis obras y posee todos mis afectos'.

Finalmente, durante mi trabajo seguía hablándole con familiaridad, ofreciéndole mis pequeños servicios y pidiéndole sus favores. Al final de la faena, examinaba cómo la había hecho. Si la encontraba bien, se lo agradecía a Dios; si veía fallos, le pedía perdón y, sin desanimarme, rectificaba mi espíritu y empezaba de nuevo a permanecer con Dios como si no me hubiera apartado de Él.

De este modo, volviéndome a levantar después de mis caídas, y gracias a múltiples actos de fe y de amor, he llegado a un estado en el que me sería tan imposible no pensar en Dios como difícil me resultó acostumbrarme al principio a ello».

Dado que experimentaba el enorme provecho que este santo ejercicio aporta al alma, aconsejaba a todos sus amigos que se esforzaran por realizarlo con el mayor cuidado y fidelidad que les fuera posible. Y para hacer que lo emprendieran con una firme resolución y un coraje inquebrantable, les proporcionaba razones tan sólidas y tan eficaces que no solo convencía a la mente, sino que incluso penetraba en el corazón y lo hacía amar y acometer esta santa práctica con un fervor igual a la indiferencia con la que antes la consideraba.

Si tenía el don de convencer con sus palabras a los que se le acercaban, no menos lo lograba con su ejemplo. Bastaba con mirarlo para ser edificado y ponerse en la presencia de Dios, por mucha prisa que uno tuviera.

Decía que el ejercicio de la presencia de Dios era el camino más corto y más fácil para alcanzar la perfección cristiana, la manera de ejercitarse en la virtud y de ponerse a salvo del pecado.

Aseguraba que para facilitarse esta práctica y habituarse a ella se necesitaba solo valentía y buena voluntad, y esa verdad la demostraba mejor mediante las obras que mediante las palabras. En efecto, se observó en su conducta cuando desempeñaba el oficio de cocinero que aun en lo más arduo y tedioso del trabajo y en medio de las actividades más diversas, tenía la mente recogida en Dios.

Aunque sus ocupaciones fueran grandes y penosas, pues a menudo hacía él solo la tarea que se suele hacer entre dos, nunca se le veía actuar con apresuramiento, sino que, con una justa moderación, dedicaba a cada cosa el tiempo que necesitaba, conservaba siempre su aspecto modesto y tranquilo, y trabajaba sin prisa, pero sin pausa, permaneciendo con un mismo ánimo y sin perder la paz.

Ejerció este oficio con toda la caridad posible unos treinta años, hasta que la providencia le ordenó otra cosa. Al aparecerle en la pierna una gran úlcera, los superiores le asignaron un trabajo más suave. Este cambio le permitió disponer de más tiempo libre para adorar a Dios en espíritu y en verdad, conforme a su afición, y para ocuparse más de su pura presencia mediante el ejercicio de la fe y del amor.

En esta íntima unión, que tan solo puede venir de estas dos virtudes, las especies, las representaciones de las criaturas, de las que tanto cuesta deshacerse, se borraron de su imaginación. Las potencias del infierno, que no se cansan nunca de luchar contra los hombres, no se atrevieron a atacar más al hermano Lorenzo. Sus pasiones se apaciguaron hasta tal punto que ya casi no las sentía; y si alguna vez, para humillarlo, provocaban alguna pequeña emoción, él se parecía entonces a esas altas montañas que contemplan cómo se forman las tormentas a sus pies.

* * *

Desde aquel momento parecía tener una naturaleza hecha únicamente para la virtud, un carácter dulce, una probidad completa y el mejor corazón del mundo.

Su buena fisonomía, su aspecto bondadoso y afable, sus maneras sencillas y modestas le granjeaban de entrada el aprecio y la simpatía de quienes se relacionaban con él. Cuanto más lo trataban, más veían en él un fondo de rectitud y de piedad que no descubrían en otros. Se ha observado que se esmeraba en no mezclar en sus acciones nada que le hiciera sobresalir. Conservó siempre la sencillez de la vida común, sin revestirse de ese aire melancólico y austero que solo sirve para incomodar a los demás.

Él, que no era de esas personas que nunca dan su brazo a torcer y que miran la santidad como incompatible con la buena educación; él, que no fingía nada, se hacía todo a todos, y actuaba llanamente con sus hermanos y sus amigos, sin pretender distinguirse de ellos.

Lejos de presumir de las gracias de Dios y de mostrar sus virtudes para granjearse la estima de los demás, se dedicaba sobre todo a llevar una vida oculta y desconocida. En efecto, igual que el soberbio procura por todos los medios imaginables ganarse la estima de los hombres, podemos decir que el que es verdaderamente humilde hace todo lo posible no solo para evitar el aplauso y la alabanza de las criaturas, sino también para rebajar la buena opinión que pudieran tener de él.

Hemos visto a santos en la Antigüedad que realizaron a propósito acciones ridículas para atraerse el desprecio y la burla de todo el mundo, o al menos para inspirar dudas acerca de la elevada idea que habían concebido de su mérito. Así actuó el hermano Lorenzo. Su humildad, que considero su característica más propia, le hizo a veces maquinar tretas santas y algunas aparentes niñerías para disimular su virtud y esconder su brillo. No buscaba la gloria, sino la realidad. E igual que no quería tener más que a Dios como testigo de sus acciones, tampoco apetecía más que a Él como recompensa.

A pesar de que se mostraba muy reservado, no dejaba, para edificación de los hermanos, de comunicarse. Y no con los que eran más ilustrados, a los que la ciencia y las luces hinchan a menudo el corazón, sino con los pequeños y con los más sencillos. Se sabe, además, que cuando tenía tiempo les hacía partícipes de sus experiencias.

Les descubría con una ingenuidad admirable los más hermosos secretos de la vida interior y los tesoros de la divina sabiduría. La unción que acompañaba sus palabras seducía con tanta fuerza a los que se beneficiaban de su conversación, que salían rebosantes de amor a Dios y ardiendo en deseos de poner en ejecución las grandes verdades que acababa de enseñarles en secreto.

Como Dios lo conducía más por el amor que por el temor a sus juicios, así también todas sus conversaciones se proponían inspirar ese mismo amor, romper los sutiles lazos que atan a la criatura y hacer morir al hombre viejo para establecer el reinado del hombre nuevo.

«Si queréis progresar en la vida del espíritu –les decía a sus hermanos–, no os preocupéis de las palabras hermosas ni de los discursos ocurrentes de los sabios de la tierra. ¡Ay de aquellos que buscan satisfacer su curiosidad en la ciencia de los hombres! El Creador es quien enseña la verdad, quien instruye en un instante el corazón de los humildes y quien les hace entender más cosas sobre los misterios de nuestra fe y sobre la Divinidad misma que si hubieran meditado sobre ellas durante años».

Por eso, evitaba cuidadosamente responder a esas preguntas ingeniosas que no conducen a nada, que no sirven más que para confundir la mente y endurecer el corazón. Pero cuando sus superiores lo obligaban a decir ingenuamente lo que pensaba acerca de las dificultades que le proponían en las conversaciones, contestaba con tanta exactitud y claridad que sus respuestas no admitían réplica. Lo observaron muchos sabios, tanto eclesiásticos como religiosos, cuando lo pusieron en el compromiso de responderles.

La misma juiciosa reflexión hizo un ilustre obispo de Francia tras los coloquios que mantuvo con el hermano Lorenzo, que lo obligaron a decir en su favor que se había vuelto digno de que Dios le hablara interiormente y le descubriera sus misterios, y añadió que la grandeza y la pureza de su amor por Dios le hacían vivir por adelantado en la tierra como un bienaventurado.

El hermano Lorenzo se elevaba a Dios por medio del conocimiento de las criaturas, convencido como estaba de que los libros de las academias más famosas enseñan muy poco en comparación con el gran libro del mundo, cuando se sabe estudiar en él como es debido. Su alma, conmovida por la variedad de las diferentes partes que lo componen, se dirigía a Dios con tanta fuerza que nada era capaz de separarlo de Él.

En cada una de sus maravillas observaba los diferentes aspectos del poder, de la sabiduría y de la bondad del Creador, que cautivaban su espíritu y lo llenaban de admiración, y llevaban a su corazón a unos arrebatos de amor y de alegría que le hacían exclamar con el profeta: «¡Oh, Señor, Dios de los dioses, qué incomprensibles son tus pensamientos, qué profundos tus designios y qué poderosas tus acciones!»[1].

Escribió sobre cosas tan elevadas y tiernas acerca de las grandezas de Dios y de las comunicaciones inefables de su amor a las almas, que quienes leían algunas hojas sueltas de sus escritos –que prestaba solo si le insistían mucho y a condición de que se los devolvieran lo antes posible– quedaban tan encantados y edificados que hablaban de ellos con admiración. Pero, por más cuidado que puso en esconderlos, su empeño no logró impedir que se recogieran algunos fragmentos, que nos hacen echar de menos los que faltan.

Pues si juzgamos todo lo que había escrito por lo poco que se conserva de sus *Cartas* y de sus *Dichos*, tenemos derecho a pensar que, como él mismo declaró a uno de sus amigos, sus obritas no eran, propiamente hablando, sino efusiones del Espíritu Santo y producciones de su amor.

A veces las apuntaba en papel, pero, al comparar lo que acababa de escribir con lo que experimentaba en su interior,

---

1. Los salmos están a menudo presentes en el lenguaje de la época. En este caso, se aprecia el influjo, entre otros, del salmo 139, 17 [N. del E.].

lo consideraba tan inferior y tan alejado de los elevados sentimientos que tenía de la grandeza y la bondad de Dios, que con frecuencia se veía obligado a romperlos de inmediato.

Los destruía con tanto más agrado cuanto que los había escrito para dar cauce a su desbordante abundancia, para liberar las efusiones de su espíritu y para dilatar su corazón y su pecho, que eran demasiado estrechos para contener el fuego divino que lo devoraba y le hacía sufrir de modo admirable. Algo así como un estanque que, al no poder contener sus aguas, intenta derramarlas, o como un volcán subterráneo que, al no poder detener la violencia del fuego que encierra, se ve forzado a darle una salida y abrirle un paso.

* * *

De las virtudes en las que descolló el hermano Lorenzo, una de las principales fue la fe. Como el justo vive de esta virtud teologal, ella era la vida y el alimento de su espíritu. La fe hacía crecer de tal modo su alma, que se notaba a ojos vistas cuánto progresaba en la vida interior.

Esta bella virtud era la que había puesto el mundo entero a sus pies, y lo había vuelto tan despreciable a sus ojos que lo consideraba indigno de ocupar sitio alguno en su corazón.

La fe lo conducía a Dios y, elevándolo por encima de todas las cosas creadas, le hacía buscar su felicidad únicamente en poseerlo a Él. Era su gran maestra: ella sola le enseñaba más que todos los libros juntos.

La fe le proporcionaba esa elevada estima de Dios, esa gran veneración por los sagrados misterios, especialmente por el augusto sacramento de nuestros altares, donde el Hijo de Dios reside como un rey, y que el hermano Lorenzo apreciaba hasta tal punto que pasaba varias horas tanto de día como de noche a sus pies para rendirle homenaje y adoración.

Esta misma fe le infundía un profundo respeto por la palabra de Dios, por la Iglesia y sus santos mandamientos, y por sus superiores, a los que obedecía como a vicarios de Jesucristo.

Creía, en fin, con tanta certeza las verdades que la fe nos propone, que solía decir: «No me puedo contentar con todos los hermosos discursos sobre Dios que escucho, con lo que yo mismo leo o lo que puedo sentir. Y dado que Dios es infinito en sus perfecciones, es, por consiguiente, inefable y no hay palabras lo suficientemente precisas para hacerme una idea completa de su grandeza. La fe es lo que me lo descubre y me lo hace conocer tal como es. Aprendo más por medio de ella en poco tiempo que lo que aprendería en muchos años asistiendo a las escuelas».

Y exclamaba: «¡La fe, la fe, virtud admirable que ilumina el espíritu del hombre y lo conduce al conocimiento de su Creador! ¡Amable virtud, qué poco conocida eres y todavía menos practicada, aunque tu conocimiento sea tan glorioso y tan útil!».

De esta fe viva nacían su firme esperanza en la bondad de Dios, una confianza filial en su providencia, un abandono total y universal de sí mismo en sus manos, sin preocuparse de lo que sucedería tras su muerte, como comprobaremos ampliamente cuando hablemos de los sentimientos que tuvo en su última enfermedad.

Durante la mayor parte de su vida no se contentó con confiar en su salvación basándose en el poder de la gracia y en los méritos de Jesucristo, sino que, olvidándose de sí mismo y de sus intereses, se lanzó –según asegura el profeta– en cuerpo y alma en brazos de la misericordia infinita.

Cuanto más desesperadas le parecían las situaciones, más esperaba. Era semejante a una roca que, batida por el oleaje, se afirma más en medio de la tempestad. Así actuó –como hemos contado antes– durante las aflicciones interiores que Dios le envió poco tiempo después de su entrada en religión, para probar su fidelidad.

Si, según el pensamiento de san Agustín, la medida de la esperanza constituye la medida de la gracia, ¿qué diremos de la que Dios comunicó al hermano Lorenzo, que esperaba, como dice la Escritura, contra toda esperanza? Por eso decía él que la mayor gloria que podemos dar a Dios es desconfiar por completo de nuestras fuerzas y confiar sin medida en su protección, porque así es como reconocemos sinceramente nuestra debilidad y confesamos verdaderamente la omnipotencia del Creador.

Puesto que la caridad es la reina y el alma de todas las virtudes, la que les otorga como consecuencia necesaria su precio y su valor, no es de extrañar que las que poseía el hermano Lorenzo fueran perfectas, ya que el amor a Dios reinaba de modo tan pleno en su corazón, que había orientado –como dice san Bernardo– todos sus afectos hacia este divino objeto. Si la fe le hacía contemplar a Dios como la verdad soberana, y la esperanza le hacía considerarlo como su fin último y su felicidad cumplida, la caridad le hacía mirarlo como el más perfecto de los seres o, más exactamente, como la perfección misma.

Lejos de amarlo para su propio provecho, su caridad era tan desinteresada que habría amado a Dios aun cuando no hubiera habido ningún castigo que evitar y ninguna recompensa que esperar, pues quería únicamente el bien y la gloria de Dios, y todo su paraíso era cumplir su santa voluntad. Lo veremos en la última fase de su enfermedad, durante la cual tuvo el espíritu tan libre hasta el último suspiro que explicó los sentimientos de su corazón como si hubiera gozado de una salud perfecta.

La pureza de su amor era tan grande que deseaba, si hubiera sido posible, que Dios no se diera cuenta de las acciones que hacía para servirlo, a fin de hacerlas únicamente para su gloria y sin recibir por ellas ningún beneficio. Con todo, se quejaba amorosamente y decía a sus amigos que Dios no dejaba pasar ninguna sin recompensarla de inmediato con el céntuplo, proporcionándole unos gustos y unos sentimientos de su divinidad tan grandes que a veces lo abrumaban.

Eso le hacía decir con su habitual pudor y familiaridad: «¡Es demasiado, Señor, es demasiado para mí! ¡Dadles, por favor, este tipo de favores y estos consuelos a los pecadores y a quienes no te conocen, para de ese modo atraerlos a tu servicio! A mí, que tengo la dicha de conocerte por la fe, me parece que eso me debería bastar; pero, puesto que no debo rechazar nada de una mano tan rica y tan generosa como la tuya, acepto, Dios mío, los favores que me otorgas. Te ruego que tengas a bien que, tras recibirlos, te los devuelva tal como me los has dado, pues sabes bien que yo no busco ni deseo tus dones, sino a ti mismo, y que no puedo contentarme con menos».

Este amor tan puro y desinteresado no hacía sino inflamar más su corazón y aumentar las llamas de este fuego divino cuyas chispas brotaban en ocasiones hacia fuera. De hecho, a pesar de que hacía los mayores esfuerzos para ocultar los grandes ímpetus del amor divino, que lo quemaban por dentro, no era en ocasiones capaz de impedir que se escaparan, y a menudo se lo vio, contra su intención, con el rostro ardiente.

Pero cuando estaba solo dejaba actuar todo su celo y exclamaba a Dios: «Da, Señor, más amplitud y apertura a las facultades de mi alma, para que pueda albergar en mayor medida tu amor», o: «Ayúdame con tu virtud todopoderosa, pues de otro modo me consumiré con las llamas de tu caridad».

En el coloquio que tenía con sus hermanos, decía muy a menudo a Dios, lamentando el tiempo que había perdido en su juventud: «¡Tarde te amé, bondad tan antigua y tan nueva! No hagáis así, hermanos míos. Vosotros sois jóvenes, sacad provecho de la confesión sincera que os hago de lo poco que me esforcé para emplear en el servicio de Dios mis primeros años. Consagrad todos los vuestros a su amor. Pues si yo lo hubiera conocido antes y si me hubieran dicho lo que yo os digo ahora, no habría tardado tanto en amarlo. Creed y dad por perdido todo el tiempo que no se emplea en amar a Dios».

Dado que el amor a Dios y el amor al prójimo es un mismo hábito, juzgad la caridad que profesaba a su prójimo por la que le profesaba a Dios, convencido como estaba de lo que dice nuestro Señor en el Evangelio: que el menor servicio prestado a sus hermanos más pequeños lo considera como hecho a Él mismo.

Ponía una atención especial en servirlos en todos los oficios que realizaba, especialmente cuando estaba empleado en la cocina, donde hacía provisión de todo lo necesario para el sustento de los religiosos y, conforme a la pobreza de su estado, le encantaba satisfacerlos como si fueran ángeles. Una caridad que inspiró a cuantos lo sucedieron en esta tarea.

Ayudaba en lo posible a los pobres en sus necesidades, los consolaba en sus aflicciones, los orientaba con sus consejos, los animaba a ganar el cielo al tiempo que trabajaban para ganarse la vida. En pocas palabras, hacía a su prójimo todo el bien que estaba en su mano y nunca hacía mal a nadie. Se hacía todo para todos a fin de ganarlos a todos para Dios[2].

* * *

Como, según san Pablo, la caridad es paciente, triunfa sobre todas las dificultades y lo soporta todo por amor al que ama, ¿podemos dudar de la paciencia que tuvo en sus dolencias el hermano Lorenzo, que amaba a Dios completamente?

En efecto, si, como pensaba el mismo apóstol, la paciencia guarda mucha relación con la caridad, que como esta es el vínculo de la perfección y aquella una obra perfecta, *opus perfectum habet*[3], ¿qué más necesitamos para convencernos del estado perfecto al que Dios elevó al hermano Lorenzo?

Vamos a verlo en la práctica de estas dos virtudes, en medio de enfermedades muy penosas con las que Dios quiso afligirlo. No hablo aquí de una especie de ciática que lo atormentó unos veinticinco años hasta dejarle cojo, y que degeneró en una úlcera en la pierna que le causaba dolores muy agudos. Me refiero sobre todo a tres grandes enfermedades que Dios le envió en los últimos años de su vida a fin de prepararlo para la muerte y hacerlo digno de la recompensa que le destinaba.

Las dos primeras lo limitaron en extremo, pero las soportó con una paciencia admirable, conservando en medio de sus sufrimientos la misma magnanimidad que había mostrado en

---

2. El P. Beaufort parafrasea aquí el famoso texto del apóstol san Pablo en 1 Cor 9, 19-23 [N. del E.].
    3. Cita aquí, según la Vulgata, la Carta de Santiago 1, 4 [N. del E.].

la salud más vigorosa. En la primera manifestó algún deseo de morir cuando, hablando con el médico y sintiendo que su fiebre disminuía, le dijo: «Tus remedios son demasiado eficaces para mí, Señor. ¡No haces sino retrasar mi felicidad!».

En la segunda parecía no tener ninguna inclinación. Permanecía con una completa indiferencia por la vida o la muerte, totalmente resignado a las disposiciones de Dios y, tan contento de vivir como de morir, no deseaba más que lo que quisiera ordenar su divina providencia.

Pero en la tercera, que separó su alma de su cuerpo para reunirla con su Amado en el cielo, puedo asegurar que dio muestras de una constancia, una resignación y una alegría extraordinarias. Dado que suspiraba desde hacía mucho tiempo por ese feliz momento, cuando lo vio llegar sintió una enorme satisfacción.

La visión de la muerte, que espanta y sume hasta a los más osados en la última consternación, no lo intimidó en absoluto. La miró con aplomo y puede decirse que incluso la desafió, puesto que, al ver el pobre camastro que le habían preparado y oír que uno de sus amigos decía: «Has llegado al final, hermano Lorenzo; vas a partir», le contestó: «Es verdad, este es mi lecho de muerte. Mas pronto me va a seguir uno que no se lo espera».

En efecto, tan amargo suceso se produjo como había predicho. A pesar de que ese hermano gozaba de excelente salud, cayó enfermo la mañana siguiente y murió el mismo día que enterraron al hermano Lorenzo, siendo enterrado en la misma fosa el miércoles siguiente. Parece que la caridad que había unido a esos dos buenos hermanos durante la vida no quiso que se separaran en la muerte, ya que no había entonces otra sepultura disponible más que aquella.

Hacía ya cuatro o cinco meses que había dicho a varias personas que moriría antes de finales de febrero. Escribió dos cartas, con quince días de diferencia, a una religiosa del Santo Sacramento. En la primera, al despedirse decía: «Hasta pronto, espero verla en breve». Y la segunda, fechada el 6 de febrero, la víspera de caer enfermo, la concluyó así: «Hasta pronto, espero de su misericordia la gracia de verla en pocos días».

El mismo día, que lo pasó acostado, dijo confidencialmente a uno de los hermanos de religión que su enfermedad no iba a ser larga y que partiría muy pronto de este mundo. Estaba tan seguro de la fecha de su muerte que, al día siguiente, que era viernes, habló con más precisión y anunció a un religioso que moriría el lunes. Y así sucedió.

Pero, antes de señalar las circunstancias de su muerte y los últimos sentimientos que tuvo en aquel extremo, volvamos a la constancia que mostró en su enfermedad. El único deseo que le quedaba era sufrir algo por amor a Dios, lo que le hizo reiterar lo que había dicho muchas veces durante su vida: que la única pena que tenía era no tener ninguna, y que se consolaba porque hay un purgatorio y allí al menos sufriría algo para satisfacer sus pecados.

Cuando encontró una ocasión favorable en esta vida, no la dejó escapar. Mandó que lo volvieran del lado derecho, pues sabía que esa posición le resultaba extremadamente penosa. Así quiso permanecer para colmar el ardiente deseo que tenía de sufrir. Un hermano que lo velaba trató de aliviarlo un poco, mas él le respondió por dos veces: «Te lo agradezco, hermano querido, pero te ruego que me dejes sufrir un poco por amor a Dios».

En este duro estado, decía con fervor: «Dios mío, te adoro en mis dolencias. Así, Señor mío, sufriré algo por ti. Sea enhorabuena que yo sufra y muera contigo». Después repetía a menudo los versos del salmo 50 «Crea en mí un corazón puro; no me arrojes lejos de tu rostro; dame la alegría de tu salvación».

Los dolores que sentía en aquella postura, a causa de la punzada que sufría en el costado derecho por una pleuresía, eran tan extremos que indudablemente habría muerto si el enfermero, al darse cuenta, no lo hubiera vuelto del otro lado, dejándole así libre la respiración.

Le apasionaban tanto los sufrimientos que constituían todo su consuelo. Nunca pareció apenarse ni por un momento en lo más intenso de su mal.

Su alegría se mostraba no solo en su rostro, sino también en su forma de hablar, lo cual llevó a que los religiosos que iban a visitarlo le preguntaran si efectivamente no sufría.

—Perdonadme —les respondió—, sí sufro. Esta punzada que siento en el costado derecho me atormenta, pero mi espíritu está feliz.

—Pero, hermano —añadieron—, si Dios quisiera que sufrierais estos dolores por espacio de diez años, ¿eso os satisfaría?

—Sí —les dijo—, no solo todos esos años, sino que, si Dios quisiera que soportase mis males hasta el día del juicio, lo aceptaría de buen grado. Y esperaría además que me concediera la gracia de estar siempre alegre.

Así fue la paciencia del hermano Lorenzo al comienzo y en el desarrollo de su enfermedad, que duró apenas cuatro días.

Con todo, al aproximarse su partida de este mundo, redobló su fervor. Su fe se volvió más viva, su esperanza más firme y su caridad más ardiente. Podemos juzgar el vigor de su fe por sus frecuentes exclamaciones, que indicaban la estima totalmente singular que tenía por esta virtud: «¡La fe, la fe!», decía, expresando de este modo su excelencia más que si hubiera dicho muchas cosas sobre ella.

Imbuido de la grandeza de Dios y alumbrado por sus luces, lo adoraba sin cesar. Al mismo tiempo, no dejaba de confesar que esta adoración había llegado a ser natural en él. Una vez comentó a un religioso que ya casi no creía que Dios morara en su alma, sino que, por medio de esta fe luminosa, en cierta medida lo veía ya presente en su interior.

La firmeza de su esperanza no fue menos patente. En un paso en el que todo infunde miedo, su intrepidez era tan grande que dijo a uno de sus amigos que le preguntaba sobre esta cuestión que no temía la muerte, ni el infierno, ni el juicio de Dios, ni todos los esfuerzos del demonio; que era verdad que lo veía merodear alrededor de su lecho, pero que se burlaba de él.

Como les gustaba oírle decir esas cosas tan edificantes, le siguieron preguntando. Le preguntaron si sabía que es terrible caer en manos del Dios vivo, porque nadie sabe si uno mismo es digno de amor o de odio. «Estoy de acuerdo –replicó–, pero no me gustaría saberlo, porque tendría miedo a ser vanidoso».

Llevó tan lejos su abandono que, olvidándose de sí mismo y contemplando solo a Dios y el cumplimiento de su voluntad, decía: «Sí, si por casualidad se pudiera amar a Dios en el infierno y Él quisiera ponerme allí, no me importaría. Pues Él estaría conmigo, y su presencia lo convertiría en un paraíso. Me he entregado por completo a Él: hará de mí todo lo que quiera».

Si había amado tanto a Dios a lo largo de su vida, no lo amó menos en su muerte. Sin descanso se esforzaba por hacer actos de amor. Y cuando un religioso le preguntó si amaba a Dios hasta en el último rincón de su corazón, le contestó: «Si supiera que mi corazón entero no ama a Dios, me lo arrancaría en ese mismo instante».

Dado que su enfermedad se agravaba, le administraron los últimos sacramentos, que recibió lleno de alegría, con pleno conocimiento y con sano juicio, el cual lo acompañó hasta el último suspiro.

Aunque no lo dejaban ni de día ni de noche y le prestaban a cada momento la ayuda que podía esperar de la caridad de sus hermanos, le permitieron, no obstante, descansar un poco para que aprovechara los últimos instantes de la vida, que son tan preciosos, y pensara en la enorme gracia que Dios le acababa de hacer de recibir sus sacramentos. Así pues, empleó esos instantes para pedir a Dios la perseverancia final en su santo amor.

Un religioso le preguntó qué hacía y en qué ocupaba su mente. «Hago –respondió– lo que haré por toda la eternidad: bendigo a Dios, alabo a Dios, lo adoro y lo amo con todo mi corazón. Tal es nuestro oficio, hermanos míos: adorar a Dios y amarlo, sin preocuparnos de lo demás».

Cuando un religioso se encomendó a sus oraciones y le urgió a que pidiera a Dios para él el verdadero espíritu de oración, le replicó que tenía que cooperar y trabajar por su parte para hacerse digno de ello. Esos fueron los últimos sentimientos de su corazón.

* * *

Al día siguiente, lunes 12 de febrero de 1691, hacia las nueve de la mañana, sin tener agonía, sin perder el uso de los sentidos y sin ninguna convulsión, el hermano Lorenzo de la Resurrección murió abrazado al Señor, y entregó su alma a Dios con la paz y la quietud de una persona que se queda dormida.

De este modo, su muerte fue como un dulce sueño que lo hizo pasar de esta vida miserable a la vida bienaventurada. Pues si podemos conjeturar lo que sigue a la muerte por las acciones santas que la han precedido, ¿qué vamos a pensar del hermano Lorenzo, que salió de este mundo cargado de buenas obras y de méritos?

Es fácil concluir, y podemos presumir sin halago, que su muerte fue preciosa ante Dios, que recibió enseguida la recompensa, que se cuenta ya entre los santos y que él goza ahora de la gloria; que su fe ha sido recompensada con la clara visión, su esperanza con la posesión y su incipiente caridad con un amor consumado.

LAS COSTUMBRES
DEL HERMANO LORENZO

Escribo lo que yo mismo he oído y visto de las costumbres del hermano Lorenzo, carmelita descalzo, de bendita memoria, que murió en el convento de París hace unos dos años.

Una persona que prefirió terminar viviendo en el último lugar de la casa de Dios a conservar un rango elevado entre los pecadores, y que prefirió el oprobio de Jesucristo a los vanos fastos y a las delicias de Egipto, quiso que yo hiciera partícipes, a las almas desengañadas del amor del siglo presente, de lo que ella conocía que yo había reunido de los sentimientos del hermano Lorenzo.

Obedezco con gusto y, aunque ya se haya entregado al público un *Elogio* y unas *Cartas*, considero que no está de más retomar lo que hemos conservado de este hombre santo.

Me parece que sería útil proponer su persona como excelente modelo de piedad sólida, justo cuando casi todo el mundo pone la virtud donde no está y toma falsos caminos para llegar a ella.

El hermano mismo va a ser quien hable. Os comunicaré las palabras exactas que me dirigió en las conversaciones que mantuve con él, las cuales yo ponía por escrito tras despedirnos. Nadie describe mejor a los santos que ellos mismos. Las *Confesiones* y las *Cartas* de san Agustín componen de él un retrato mucho más natural que todo lo que se encuentra en otros lugares. Así pues, nada hará conocer mejor al siervo de Dios cuyas virtudes os propongo que lo que él mismo dijo con su sencillo corazón.

* * *

La virtud que adornaba al hermano Lorenzo no hacía de él un misántropo; por el contrario, su acogida cordial transmitía confianza y, desde el primer momento, uno tenía la sensación de que había encontrado a un amigo al que podía contárselo todo. Por su parte, cuando conocía a aquellos con los que iba a tener relación, Lorenzo hablaba con libertad y les mostraba una gran bondad.

Lo que decía era sencillo, pero siempre adecuado y lleno de sentido. Detrás de una apariencia ruda se descubría una sabiduría singular, una libertad muy superior a la propia de un pobre hermano lego, una penetración que superaba cualquier expectativa.

Cuando pedía limosna, daba muestras de que tenía una cabeza capaz de entender hasta las más decisivas cuestiones y que se le podía consultar acerca de todo. Esa era la impresión causaba a los demás el hermano Lorenzo.

Él mismo describió sus disposiciones y su conducta interior en los diálogos que os cuento. Como veréis, su conversión comenzó por una elevada idea que concibió del poder y de la sabiduría de Dios, idea que cultivó con esmero, esforzándose por expulsar cualquier otro pensamiento.

Como este primer conocimiento de Dios fue luego el principio de toda la perfección del hermano Lorenzo, conviene que nos detengamos en él a fin de considerar cómo guio su conducta. Está claro que, al principio, la fe se convirtió en su única luz para conocer a Dios, pero después se apoyó siempre en ella para instruirse y comportarse en los caminos de Dios.

Me confesó en diversas ocasiones que todo lo que oía decir a los demás, todo lo que encontraba en los libros, todo lo que él mismo escribía le parecía insustancial en comparación con lo que la fe le iba descubriendo de las grandezas de Dios y de Jesucristo: «Solo Dios —aseguraba— es capaz de darse a conocer tal como es. Nosotros buscamos en el razonamiento y en las ciencias, como en una mala copia, lo que desdeñamos contemplar en un excelso original. Dios mismo se pinta en la intimidad de nuestra alma, pero no queremos verlo allí. Lo abandonamos por tonterías y nos resistimos a conversar con nuestro Rey, que siempre está presente en nosotros».

«No basta –continúa el hermano Lorenzo– con amar a Dios y conocerlo por lo que nos dicen de Él los libros, o por aquello que sentimos en nuestra alma gracias a simples impresiones que nos produce la devoción, o por alguna luz. Tenemos que vivificar nuestra fe y elevarnos en virtud de ella por encima de nuestros sentimientos para adorar a Dios y a Jesucristo en sus divinas perfecciones, tal como son en sí mismos. Este camino de fe es el espíritu de la Iglesia, y basta para alcanzar una elevada perfección».

No solo contemplaba a Dios presente por la fe en su alma, sino que en todo lo que veía, en todo lo que sucedía se elevaba pasando de la criatura al Creador. Un árbol seco que vio seco en invierno le hizo elevarse de pronto hasta Dios y le inspiró un conocimiento tan sublime que seguía igual de fuerte y vivo en su alma cuarenta años después de haberlo recibido. Así pues, se servía de él en cualquier ocasión, de modo que únicamente usaba las cosas visibles para llegar a las invisibles.

Por la misma razón, y a pesar de no ser un gran lector, prefería el santo Evangelio al resto de los libros, porque este alimentaba su fe del modo más sencillo y puro con las propias palabras de Jesucristo.

El hermano Lorenzo comenzó cultivando fielmente en su corazón esta elevada presencia de Dios según la fe. Realizaba continuos actos de adoración, de amor, de invocación del auxilio de nuestro Señor en lo que tenía que hacer. Le daba gracias después de cumplir con su trabajo, le pedía perdón por sus negligencias y las confesaba, como decía él, sin defenderse ante Dios. Y, dado que estos actos estaban ligados a sus ocupaciones y ellas le proporcionaban la ocasión de llevarlos a cabo, no solo los realizaba con más facilidad, sino que, lejos de apartarlo de sus tareas, le ayudaban a hacerlas mejor.

No obstante, confiesa que al principio le costó, que en muchos momentos no se acordaba de esta práctica, pero que, tras confesar humildemente su falta, la retomaba sin obsesionarse.

Algunas veces, una multitud de pensamientos extravagantes ocupaba con violencia el lugar de Dios. Entonces él se limitaba a apartarlos suavemente para retomar su conversación ordinaria.

Finalmente, su fidelidad mereció ser recompensada con un recuerdo continuo de Dios. Sus variados y múltiples actos se transformaron en una visión sencilla, en un amor luminoso, en un gozo ininterrumpido. «El tiempo de la actividad –decía entonces– no es diferente del de la oración. En el trajín de la cocina, cuando a un tiempo se me reclama para ocuparme de cosas distintas, poseo a Dios con el mismo sosiego que si estuviera de rodillas ante el Santísimo Sacramento. Mi fe se vuelve a veces tan luminosa que me tengo la sensación de haberla perdido. Me parece que el velo de la oscuridad ha sido descorrido y que el día sin fin y sin nubes de la otra vida empieza a alborear».

A esto le había conducido el haber sido tan fiel en rechazar cualquier otro pensamiento para ocuparse en una conversación continua con Dios, y al final eso le había resultado tan familiar que decía que es como si le fuera imposible apartarse de ella para dedicarse a otra cosa.

Encontraréis en sus conversaciones una observación importante sobre este tema, cuando explica que esta presencia de Dios debe ser mantenida más por el corazón y por el amor que por el entendimiento y el discurso. «En el camino de Dios –afirmaba– los pensamientos cuentan poco; es el amor el que lo hace todo».

Decía asimismo: «No es necesario hacer grandes cosas –os estoy describiendo a un hermano lego en la cocina, permitidme que emplee sus propias palabras–. Yo doy la vuelta a mi tortillita en la sartén por amor a Dios. Cuando termino, si no tengo nada que hacer, me prosterno en el suelo y adoro a mi Dios, de quien he recibido la gracia de hacerla, y luego me vuelvo a levantar más contento que unas pascuas. Cuando no puedo hacer otra cosa, me basta con recoger una simple pajita por amor a Dios».

Y también: «Buscamos métodos para aprender a amar a Dios. Queremos lograrlo por no se sabe cuántas prácticas diferentes. Nos esforzamos mucho por permanecer en la presencia de Dios por cantidad de medios. ¿Acaso no es mucho más corto y más derecho hacerlo todo por amor a Dios, aprovechar todas las obras de nuestro oficio para servirlo y mantener su presencia en nosotros mediante este trato de nuestro corazón con Él? No hacen falta sutilezas, basta con actuar con sinceridad y con sencillez». Aquí reproduzco fielmente sus expresiones corrientes.

Ahora bien, no hay que pensar que para amar a Dios basta con ofrecerle nuestras obras, invocar su ayuda y actuar por amor a Él. Nuestro hermano alcanzó a través de estas cosas la perfección del amor únicamente porque había estado desde el principio muy atento a no hacer nada que pudiera disgustar a Dios, porque había renunciado a todo lo que no fuera Él y porque se había olvidado por entero de sí mismo. «Desde mi entrada en religión –he aquí sus palabras– ya no pienso en la virtud ni en mi salvación. Después de haberme dado enteramente a Dios como satisfacción de mis pecados y haber renunciado por su amor a todo lo que no es Él, he considerado que el resto de mis días ya solo tenía que vivir como si no existiéramos en el mundo más que Dios y yo».

Así pues, el hermano Lorenzo comenzó por lo más perfecto que hay, dejándolo todo por Dios y haciéndolo todo por amor a Él. Se había olvidado por completo de sí mismo. Ya no pensaba ni en el paraíso ni en el infierno, ni en sus pecados pasados ni en los que cometía tras haber pedido perdón a Dios por ellos.

Jamás volvía sobre sus confesiones. Más bien, se sumía en una paz perfecta tras haber confesado a Dios sus faltas y no sabía hacer más que esto. Después se entregaba a Dios, como él decía, para la vida y para la muerte, para el tiempo y para la eternidad. «Estamos hechos únicamente para Dios –comentaba–, y a Él no le puede parecer mal que nos abandonemos a nosotros mismos para ocuparnos de Él. Veremos mejor en Él aquello que nos falta, que en nosotros no percibimos por más que reflexionamos, y que es un resto de amor a nosotros mismos que, bajo apariencia de buscar nuestra perfección, nos mantiene atados a nosotros mismos y nos impide elevarnos hasta Dios».

El hermano Lorenzo reconocía que durante cuatro años lo había pasado muy mal, tan mal que ni todos los hombres del mundo habrían podido quitarle jamás de la mente que se iba a condenar. A pesar de todo, él no había cambiado su primera determinación, sino que, sin pensar en qué sería de él y sin obsesionarse con su sufrimiento –como suelen hacer las almas que sufren–, se había consolado diciendo: «Suceda lo que suceda, por lo menos haré todas mis acciones durante el resto de mi vida por amor a Dios». De esta manera, olvidándose de sí mismo, había decidido perderse por Dios y así se había encontrado.

El amor a la voluntad de Dios había ocupado en él el lugar del apego que normalmente se tiene a la propia voluntad. En todo lo que le ocurría no veía ya más que las disposiciones de Dios, que lo mantenía en una paz permanente. Cuando le hablaban de alguna gran depravación, en lugar de extrañarse, le sorprendía que no fuera a más, dada la maldad de que es capaz el pecador. E inmediatamente, elevándose a Dios, viendo que Él podía remediarlo y que, sin embargo, permitía estos males por razones muy justas y muy útiles para el orden general de su gobierno del mundo, tras rezar por los pecadores no se afligía más y permanecía en paz.

En cierta ocasión le comuniqué sin rodeos que un asunto con muchas posibilidades, que le importaba mucho y en el que se había empeñado largo tiempo, finalmente no se podía realizar porque se acababa de tomar la decisión contraria. Él lo único que me contestó fue: «Hay que pensar que quienes lo han decidido tienen buenas razones. Limitémonos, pues, a realizarlo y no hablemos más de ello». Lo hizo, en efecto, y tan completamente que, aunque tuvimos después ocasión de comentarlo, nunca abrió la boca.

Un personaje muy conocido visitó al hermano Lorenzo cuando este estaba enfermo de gravedad. Entre otras cuestiones le preguntó qué elegiría si Dios le ofreciera mantenerle la vida por un tiempo con el fin de que aumentara sus méritos o recibirlo de inmediato en el cielo. El buen hermano, sin deliberar, respondió que dejaría a Dios la elección, que a él simplemente le correspondía acoger en paz la voluntad divina.

Esta disposición le producía una indiferencia tan grande por todas las cosas y le aportaba una libertad tan completa, que se asemejaba mucho a la de los bienaventurados.

El hermano Lorenzo no era de ningún bando. Tampoco se apreciaba en él ninguna tendencia ni inclinación. El apego natural que sentimos, hasta en los lugares más santos, por nuestro país no le preocupaba. Lo amaban por igual personas de tendencias opuestas. Quería el bien en general, sin hacer acepción de personas.

Como era ciudadano del cielo, nada lo detenía en la tierra, y sus visiones no se limitaban al tiempo. Dado que hacía mucho que solo contemplaba al Eterno, se había vuelto eterno como Él.

Todo le parecía bien, cualquier lugar, cualquier ocupación. El buen hermano encontraba a Dios en todas partes, tanto confeccionando zapatos como rezando con la comunidad. No le urgía hacer retiros, porque lograba amar y adorar a Dios lo mismo en su trabajo ordinario que en el desierto más apartado.

Puesto que su único medio para ir a Dios era hacerlo todo por amor a Él, le resultaba indiferente ocuparse de una cosa o de otra, con tal de hacerla por Dios. Lo miraba a Él y no a la cosa. Sabía que cuanto más opuesto era lo que hacía a su inclinación natural, más mérito tenía el amor con que se lo ofrecía a Dios. Sabía también que la pequeñez del asunto o de la tarea no disminuía ni un ápice el valor de su ofrenda, porque Dios, que no tiene necesidad de nada, no va a considerar en nuestras obras más que el amor que las acompaña.

* * *

Otra característica del hermano Lorenzo era una firmeza extraordinaria, que en otro género de vida se habría llamado intrepidez, y que mostraba un alma magnánima, la cual se elevaba por encima del miedo y de la ilusión de todo lo que no era Dios.

No admiraba nada, no lo asombraba nada, no le daba miedo nada. Esta estabilidad de ánimo provenía en él de la misma fuente que las demás virtudes. No en vano, la elevada idea que tenía de Dios hacía que se lo representara –igual que Él es, en efecto– como la soberana justicia y la infinita bondad, y apoyándose en ellas estaba seguro de que Dios no lo iba a engañar y que únicamente le iba a hacer el bien. Él, por su parte, estaba decidido a no disgustarlo nunca, y a hacerlo todo y sufrirlo todo por su amor.

Un día le pregunté quién era su director espiritual. Me contestó que no tenía y que no creía necesitarlo, puesto que, por un lado, la regla y las tareas que le habían encomendado en el convento le marcaban lo que debía hacer exteriormente, y por otro, el Evangelio le exigía amar a Dios con todo su corazón. Así que, como estaba persuadido de ello, le parecía superfluo un director, si bien tenía gran necesidad de un confesor que lo absolviera de sus pecados.

Las personas que se comportan en la vida espiritual siguiendo únicamente sus disposiciones y sentimientos particulares, y creen que no tienen nada más importante que hacer que examinar si tienen devoción o no, carecen de estabilidad y de una regla segura. La razón es que esas cosas cambian continuamente, ya sea por nuestra negligencia, ya sea por orden de Dios, que diversifica sus dones y su conducta según nuestras necesidades.

El buen hermano, por el contrario, firme en el camino de la fe que nunca cambia, se mantenía siempre igual a sí mismo, porque no se analizaba más que para cumplir los deberes del lugar en que Dios lo colocaba, y solo contaba como méritos las virtudes útiles para su ocupación. En lugar de atender a sus disposiciones y examinar el camino por donde andaba, miraba únicamente a Dios, el final de ese camino, y marchaba a grandes pasos hacia Él mediante la práctica de la justicia, de la caridad y de la humildad, más empeñado en hacer que en considerar lo que hacía.

La devoción del hermano Lorenzo, basada en este sólido fundamento, no se hallaba sujeta a visiones ni a otro tipo de fenómenos extraordinarios. Él estaba convencido de que incluso aquellos que son verdaderos suelen ser indicios de la debilidad de un alma que se detiene más en el don de Dios que en Dios mismo. Fuera del tiempo de su noviciado, no hubo nada de este estilo en su conducta; al menos él no se lo contó a las personas con las que tenía más confianza y a quienes abría su corazón.

Toda su vida caminó tras las huellas de los santos, por la vía segura de la fe. Tampoco se apartó del camino ordinario que conduce a la salvación por los ejercicios autorizados en cada momento por la Iglesia y por la práctica de las buenas obras y de las virtudes de su trabajo. Todo lo demás le parecía sospechoso.

Su enorme sensatez y la luz que recibía de su fe sencilla lo pusieron a salvo de todos los escollos que surgen en el camino del espíritu y contra los que tantas almas hoy día naufragan, por entregarse al amor de la novedad, a su propia imaginación, a la curiosidad y a conductas puramente humanas.

No hay nada más fácil que evitar estos peligros cuando únicamente se busca a Dios. En materia de religión, se debe sospechar de todo lo que parece nuevo. Esta virtud tan necesaria no es de las que se van perfeccionando con el tiempo, sino que, por el contrario, posee ya su perfección en su mismo origen. Jesucristo enseñó a su Iglesia cuanto esta necesitaba, bien por él mismo, bien por medio del Espíritu Santo hablando a los apóstoles, y a ello es a lo que hay que remitirse cuando se busca seguridad.

Es cierto que, aparte de esta fe escrita y enseñada de viva voz, el cuerpo de Jesucristo, que subsiste en la tierra en los fieles, necesita un intérprete viviente para declararles la voluntad de Dios y marcar el camino que deben seguir en medio de las dudas que podrían surgirles. El Salvador no ha fallado en esto, sino que ha dejado a la Iglesia, que habla por el cuerpo de sus pastores, a quien ha dado la autoridad de explicar y proponer su doctrina, y de prescribir a cada fiel, en la regla de la fe, el camino que lo salva. Es la fe de la Iglesia, esta vía segura que mantiene al alma en una paz completa y que constituye todo su consuelo durante este exilio.

Si, no contentos con esto, queremos buscar más allá; si, de los sentimientos y las devociones basadas en la fe, queremos pasar a las que la Iglesia tolera por condescendencia a la debilidad de sus hijos; si, por desasosiego y por curiosidad, encaminamos nuestros pasos por una senda propia que se aparta de la ruta común; si, queriendo seguir nuestra inclinación particular, preferimos nuestros pensamientos a lo que la Iglesia propone, entonces nos exponemos libremente al peligro y nos hacemos compañeros de los que se extravían a causa de una ilusión voluntaria.

Dios, después de hablar por los Padres y por los Profetas, finalmente ha hablado por su Hijo. Este Hijo nos instruye hoy por la Iglesia. La fe que esta nos enseña es segura, plena y suficiente. Atengámonos a ella. El santo religioso la siguió exactamente y nos proporciona en su persona un modelo excelente de la vía que conduce a Dios sin desviarse.

Preparado por una vida semejante y por haber seguido una conducta tan segura, vio aparecer la muerte sin perturbarse. Su paciencia había sido muy grande a lo largo de su existencia y creció todavía más a medida que se acercaba su fin. Nunca pareció tener ni un momento de tristeza cuando más intenso era su dolor.

La alegría se mostraba no solo en su rostro, sino también en su manera de hablar. Esto llevó a que los religiosos que iban a visitarlo le preguntaran si efectivamente no sufría. A lo que les respondió: «Claro que sufro. Siento una punzada en el costado derecho que me produce mucho dolor, pero mi espíritu desborda de gozo».

Los hermanos insistieron en preguntarle: «Si Dios quisiera que sufrierais estos dolores por espacio de diez años, ¿os satisfaría?». A lo que respondió: «Sí, y no solo por todos esos años, sino que, si Dios quisiera que soportase mis males hasta el día del juicio, lo aceptaría de buen grado. Y esperaría además que me concediera la gracia de estar siempre alegre».

Al aproximarse su partida de este mundo, exclamaba con frecuencia: «¡La fe, la fe!», expresando de este modo su altísimo valor más que si hubiera dicho muchas cosas de ella. Adoraba a Dios sin cesar. A un religioso le confesó que ya casi no creía en que Dios residiera en su alma, sino que, por medio de esta fe luminosa, en cierta medida lo veía ya presente en su interior.

En un tránsito en el que todo infunde miedo, su intrepidez era tan grande que, a uno de sus amigos que le había preguntado al respecto, le confesó que no le daban ningún miedo ni la muerte, ni el infierno, ni los juicios de Dios, ni todos los ataques del demonio.

Como les gustaba oírle decir estas cosas tan edificantes, no dejaban de interrogarlo. Le preguntaban si sabía que es terrible caer en manos del Dios vivo, porque nadie sabe si uno mismo es digno de amor o de odio. «Estoy de acuerdo –dijo–, pero no me gustaría saberlo, porque tendría miedo a ser vanidoso. No hay nada mejor que abandonarse en Dios».

Después de recibir los últimos sacramentos, un religioso le preguntó qué hacía y en qué ocupaba su mente. «Hago –respondió– lo mismo que haré por toda la eternidad: bendigo a Dios, alabo a Dios, lo adoro y lo amo con todo mi corazón. Esa es toda nuestra tarea, hermanos míos, adorar a Dios y amarlo, sin preocuparnos de lo demás».

Estos fueron los últimos sentimientos del hermano Lorenzo, que murió poco después, con la paz y el sosiego con los que había vivido. Su fallecimiento tuvo lugar el 6 de febrero, cuando contaba unos ochenta años.

* * *

Nada representa mejor a un verdadero filósofo cristiano que lo que acabamos de indicar de la vida y la muerte de este buen religioso. Así eran antaño los que renunciaban al mundo para dedicarse enteramente a cultivar su alma y a conocer a Dios y a su Hijo Jesucristo, esos religiosos que tenían por regla el Evangelio y que hacían profesión de la santa filosofía de la cruz.

Así nos los describe san Clemente de Alejandría, y parece que tenía ante los ojos a un hombre como el hermano Lorenzo cuando escribía que la principal ocupación del filósofo, es decir, del sabio cristiano, es la oración.

Reza en todo lugar y sin emplear muchas palabras; en lo secreto, en la intimidad del corazón; mientras pasea, mientras conversa, mientras descansa, mientras lee o mientras trabaja. Alaba a Dios continuamente, por la mañana al levantarse y a mediodía, y en todas sus acciones da gloria a Dios como los serafines de Isaías.

Su dedicación a las realidades espirituales a través de la oración lo vuelve dulce, afable, paciente y, al mismo tiempo, indoblegable, hasta el punto de ni siquiera ser tentado, de no dar pie ni al placer ni al dolor. La alegría de la contemplación con la que se alimenta continuamente sin llegar a saciarse, no le permite sentir los pequeños placeres de la tierra.

Habita por la caridad con el Señor, aunque su cuerpo continúe todavía en la tierra. Y después de participar, mediante la fe, de la luz inaccesible, ya no disfruta de los bienes del mundo. Por la caridad está ya donde debe estar, y no desea nada, porque goza ya del objeto de su deseo en la medida en que aquí es posible.

No precisa ser audaz, puesto que nada en esta vida le molesta ni puede apartarlo del amor de Dios. No necesita calmarse, puesto que, convencido de que Dios lo dispone todo para su bien, nunca se pone triste.

No se encoleriza y nada lo conmueve, porque ama siempre a Dios y está vuelto por completo hacia Él. No tiene envidia, porque no carece de nada.

No ama a nadie con esa amistad común, sino que ama al Creador por las criaturas. Su alma tiene una consistencia sólida, exenta de cualquier cambio desde que, olvidando todo lo demás, permanece unido solo a Dios.

¿Me permitirán añadir a esta descripción una pincelada de la mano de un gran maestro iluminado por la luz de una excelente fe –virtud que tenía en común con el hermano Lorenzo– más que por todas las ciencias aprendidas del trato con Atenas? ¿Parecerá mal que mezcle aquí a los maestros y doctores con un pobre hermano lego, cuando se encuentran en las sencillas palabras de este último lo que las mayores lumbreras de la Iglesia nos han transmitido acerca de la pureza de las costumbres cristianas, y lo que unos y otros han tomado de Jesucristo, que se oculta a los prudentes y a los sabios mientras que se revela a los pequeños?

Nada hay más poderoso y más indomable –afirma san Gregorio Nacianceno– que la verdadera filosofía; todo cede ante la generosidad de un filósofo. Si se lo priva de todas las comodidades de la tierra, tiene alas para tomar impulso, elevarse y volar hacia Dios, que es su único maestro.

No se puede vencer a Dios, ni a un ángel, ni a un filósofo. Aunque esté compuesto de materia, es como si no fuera material, pues no tiene límites.

Aunque tenga un cuerpo, vive en la tierra como un hombre completamente celestial, impasible en medio de tantas pasiones. Sufre por verse superado en todo lo demás, pero no en su gran arrojo. Se somete y cede ante quienes creen anularlo; ha dejado de apreciar el mundo y la carne.

Se sirve de los bienes de esta vida solo en la medida en que la necesidad lo obliga. Únicamente tiene trato consigo mismo y con Dios. Su alma lo eleva por encima de todas las cosas sensibles y, como un espejo sin mancha, le representa al natural las divinas imágenes sin la mezcla de las especies terrestres y groseras.

Añade todos los días nuevas luces a las que ya tiene, aspirando alcanzar por fin aquella fuente de todas las luces de la que se bebe tan solo en la otra vida, cuando el esplendor de la verdad disipe la oscuridad de los enigmas y se llegue al colmo de la felicidad.

Reconocemos aquí a nuestro religioso lego y a todos sus semejantes. Aunque el hermano Lorenzo haya pasado su vida retirado, no hay nadie, de la condición que sea, que no pueda sacar un provecho grandísimo de lo que hemos contado aquí de su conducta.

Él enseñará a las personas comprometidas en el mundo a dirigirse a Dios para pedirle la gracia de cumplir con sus deberes, bien sea en sus trabajos, bien en sus conversaciones, bien incluso durante su ocio. Siguiendo su ejemplo, se verán incitados a dar gracias a Dios por sus beneficios, por el bien que les ha hecho, así como a humillarse ante Él por sus pecados.

No se trata aquí de una devoción especulativa ni que solo pueda practicarse en los claustros. Todo el mundo está obligado a adorar a Dios y a amarlo, y no se puede cumplir como es debido estos dos grandes deberes sin entablar con Él una relación cordial que nos mueva a recurrir a Él en todo momento, como niños a los que les cuesta mantenerse en pie sin la ayuda cercana de su madre.

Esto no es difícil, sino fácil y necesario para todo el mundo, y es en lo que consiste esta oración continua a la que san Pablo exhorta a todos los cristianos. Quien no la hace no siente que la necesita y que por sí solo es incapaz de cualquier bien. No conoce ni lo que él es, ni lo que Dios es, ni la continua necesidad que tiene de Jesucristo.

Los asuntos y las actividades propias de este mundo no pueden servirnos de excusa para descuidar nuestro deber. Dios está en todas partes, podemos dirigirnos a Él en todo lugar, podemos hacer hablar a nuestro corazón de mil maneras. Y con un poco de amor, no nos resultaría difícil.

Las personas que se retiran de los negocios de la vida tienen todavía más que aprender de la conducta del hermano Lorenzo. Como están liberadas de la mayoría de las necesidades y de las conveniencias del mundo, que ocupan a quienes están comprometidos en muchas tareas, nada puede impedirles renunciar, a imitación de este buen hermano, a cualquier otro pensamiento que no sea realizar todas sus acciones por amor a Dios y dar, como él dice, todo por el Todo. El ejemplo de su desapego general, del completo olvido de sí mismo que lo llevó hasta a dejar de pensar en su salvación para ocuparse únicamente de Dios, su indiferencia ante todo tipo de empleos y ocupaciones, y su libertad en los ejercicios espirituales les serán muy útiles.

EPÍLOGO

MARIE-LAURENT HUET

Cuando se plantea el tema de la práctica de la presencia de Dios durante el siglo XVII, la figura y los escritos del hermano Lorenzo de la Resurrección ocupan un lugar destacado. ¿Quiere esto decir que él es su inventor y su más destacado promotor? En absoluto, pues ningún movimiento surge de la nada en la historia de la espiritualidad, sino que brota de unas fuentes previas.

Como no podría ser de otra forma, el ejercicio de la presencia de Dios se inscribe dentro del gran movimiento que desde los primeros tiempos del cristianismo ha buscado practicar la recomendación de Jesús de «orar constantemente y no desanimarse nunca» (Lc 18, 1), así como las palabras del apóstol Pablo a los cristianos de Tesalónica: «Orad sin cesar» (1 Tes 5, 17). Los Padres del desierto, Casiano y muchos otros después, se esforzaron por mantener vivo el recuerdo cotidiano y continuo de Dios.

En el siglo XVI, Louis de Blois exhortaba con estas palabras al lector de su *Instrucción espiritual*: «Dichoso aquel que no se ha apartado de la presencia de Dios ni por el trato con los hombres, ni por cualquier otra ocupación. Todo el que aspira a este elevado punto de perfección debe estar tan recogido, tan separado de la tierra y tan atado a Dios que, olvidando lo demás, no se acuerde sino de Él»[1]. Y en las obras de Francisco

---

1. Citado por M. Dupuy, *Présence de Dieu*, en *Dictionnaire de spiritualité* XII/11, Paris 1986, col. 2017-2136, que cita numerosos autores que han tratado del ejercicio de la presencia de Dios, y que ha servido de punto de partida para nuestra investigación.

de Sales o de Fénelon no es extraño descubrir pasajes donde la presencia de Dios constituye uno de los temas habituales en la espiritualidad del siglo XVII.

En el principio se encuentra siempre a Teresa de Ávila

La espiritualidad que nace en el Carmelo se halla indefectiblemente marcada por la Santa fundadora. En este caso, además, han de tenerse muy presentes los distintos tratados de espiritualidad que se escribieron en España a lo largo del siglo XVI y que se difundieron por toda Europa. En ellos, la atención a la presencia de Dios es uno de los puntos de interés, que se inscribe dentro del método de oración que promovió con gran éxito el santo dominico Luis de Granada. Según él, quien desea orar deberá considerar, con su imaginación o su intelecto, que la presencia de Dios es el punto de partida de toda oración. Una preparación lejana a la oración puede, entonces, consistir en buscar a Dios presente en medio de las actividades cotidianas. Esta búsqueda de la presencia de Dios se percibe, por ejemplo, en el *Camino de perfección* de Teresa de Ávila, concretamente en los capítulos 26 y 29 del manuscrito de Valladolid. Y en las *Moradas sextas*, donde la Madre escribe: «Cuando no se siente la presencia de Dios, es menester que la busquemos» (cap. 7, par. 9).

Ahora bien, la pregunta que surge es: ¿Y cómo se consigue? De esta cuestión se van a ocupar los autores españoles del último tercio del siglo XVI y principios del XVII. Así, en su *Exercicio de la presencia de Dios*, publicado en 1588 y editado en Lyon en 1609, el jesuita Francisco Arias exhorta a acordarse de Dios en todo momento.

De igual manera, esta es una de las cuestiones que ocupa a la generación de hermanos y hermanas que sigue a la muerte de Teresa, y que busca ofrecer herramientas que permitan poner en práctica las enseñanzas de la fundadora. Un buen ejemplo de ello son las instrucciones a los novicios que escriben María de San José y Juan de Jesús María Aravalles para la congregación de España; o Juan de Jesús María de san Pedro, «el Calagurritano», para la congregación de Italia. Estos tres carmelitas ofrecen un método concreto de oración y se interesan por la búsqueda de la presencia de Dios para relacionarse con Él.

A comienzos del siglo XVII estas obras llegan a Francia[2] y son leídas con atención por los círculos espirituales que buscan la renovación de la Iglesia tras las guerras de religión y los excesos radicales de pureza evangélica.

TRES EJEMPLOS DE LA PRÁCTICA DE LA PRESENCIA DE DIOS EN EL SIGLO XVII FRANCÉS Y SU CRÍTICA

Basten estos tres ejemplos, entre muchos otros posibles, para mostrar que el hermano Lorenzo no es un caso aislado en su siglo, y que el ejercicio de esta práctica no es una particularidad carmelitana.

Francisco de Sales

En su *Introducción a la vida devota*, publicada en 1609, el obispo de Ginebra preconiza la atención a la presencia de Dios como comienzo de la oración. Para iniciar su plegaria, Filotea debe «ponerse en presencia de Dios», es decir, considerar que Dios está con ella, ya sea como la divinidad presente en todas las cosas y especialmente en la intimidad de su alma, ya sea como la humanidad de Cristo, representándosela con la

---

2. Las obras de Luis de Granada comenzaron a traducirse en Francia a partir de 1582 y conocerán una gran difusión durante todo el siglo XVII, como atestiguan sus numerosas ediciones. Las de Teresa de Ávila aparecen en 1601. La *Instrucción de novicios* de Juan de Jesús María ve la luz en latín en 1611, y tan solo un año después aparece la versión en francés; del mismo autor y ese mismo año se publica la *Disciplina claustral*. Este último volumen contenía la traducción francesa del *Diálogo entre dos religiosas que Gracia y Justa se llaman sobre la oración y la mortificación con que se deben criar las novicias*, de María de San José, habitualmente designada como la instrucción de las novicias de la Madre María, título bajo el que fue publicada su traducción francesa. El original español no se publicó hasta el siglo XX.

imaginación como si él estuviera junto a ella[3]. Encontramos aquí el consejo de santa Teresa a sus hijas de hacer compañía a Jesús. Este ponerse en la presencia de Dios como primera etapa de la oración lo han retomado hasta nuestros días multitud de autores.

Francisco de Sales propone, además, mantenerse en presencia de Dios a lo largo de toda la jornada. Así, en la *Conversación* IX, escribe que «[conviene] que os pongáis a la práctica mediante una continua aplicación de vuestro espíritu a Dios»[4]. Pero, para alcanzar este fin, no se trata tanto de sentir su presencia o de acordarse continuamente de Él, como de hacer su voluntad más allá de cualquier sentimiento.

La rápida difusión de los escritos del obispo de Ginebra contribuyó sin duda a popularizar el ejercicio de la presencia de Dios entre los espirituales franceses.

La reforma carmelitana de Touraine

Un signo de esta popularidad es el hecho de que algunas obras para la instrucción de los novicios se extendían largamente en el tema de la presencia de Dios. Baste como ejemplo el directorio de la formación de los novicios de la reforma carmelitana de Touraine, titulado *Método claro y fácil de hacer bien la oración mental y para ejercitarse con fruto en la presencia de Dios*[5].

Esta obra, publicada en 1658 y escrita por el carmelita Marcos de la Natividad, dedica los capítulos 30 y 31 al ejercicio de la presencia de Dios, que consiste en «una continua representación y recuerdo de Dios»[6]. Entre sus efectos se cuenta el de alejar del pecado, puesto que es muy difícil pecar si no se deja de mirar a Dios; el de purificar la imaginación y los movimien-

---

3. Francisco de Sales, *Introducción a la vida devota*, 11, 2.
4. Citado por M. Dupuy, *Présence de Dieu*, col. 2116.
5. Marcos de la Natividad, *Méthode claire et facile four bien faire oraison mentale et pour s'exercer en la présence de Dieu. Faisant la quatrième traitté de la conduite spirituelle des novices*, Paris 1658, 456-496.
6. *Ibid.*, 462.

tos de las pasiones, y el de fortalecer al alma que lo practica. El recuerdo puede ser imaginario, si consideramos la humanidad de Cristo, o intelectual, si dirigimos nuestra atención a una u otra perfección.

Sin embargo, esta forma del ejercicio de la presencia de Dios debe distinguirse de lo que el autor denomina la «presencia de Dios afectiva»[7], por la cual el recuerdo y la consideración de Dios van seguidos de «aspiraciones» de la voluntad, es decir, de movimientos por los que la voluntad se aplica a amar a Aquel en presencia del cual se mantiene. Únicamente esta segunda forma puede conducirnos a la unión con Dios, y es para el autor, por lo que parece, el verdadero ejercicio de la presencia de Dios. El ejercicio, que consiste en acordarse de Dios sin orientar la voluntad hacia Él, es solo un medio pedagógico para preparar progresivamente a los novicios a practicar la «presencia de Dios afectiva».

Para ejercitarse en esta presencia de Dios, los principiantes cuidarán de «dirigir su pensamiento a Dios al comienzo de cada una de sus acciones»[8], mediante una «dirección», una elevación interior a través de distintas fórmulas adaptadas a numerosas circunstancias, que la obra invita al lector a utilizar con libertad. Esto se hará con delicadeza. Y, si bien el directorio ofrece el ejemplo de fray Noel, del convento de Dol, que «no perdía nunca la presencia de Dios» y al que habían sorprendido haciendo dieciséis oraciones jaculatorias durante menos de lo que dura un *miserere*, precisa que no se pide tal cosa de un novicio[9].

Por último, y esto constituye una originalidad carmelitana, el ejercicio de la presencia de Dios se pone en relación con las figuras de los profetas Elías y Eliseo: «Debemos recomendar especialmente en nuestra santa Orden la práctica de la presencia de Dios, puesto que por ella fue como nuestro padre santo Elías hizo tantas maravillas en el mundo, y la que dejó

7. *Ibid.*, 475.
8. *Ibid.*, 486.
9. *Ibid.*, 484.

en herencia, con su doble espíritu, a su discípulo santo Eliseo. *Vivit Dominus in cuius conspectu sto* (Vive el Señor en cuya presencia estoy)»[10].

Esta insistencia en la presencia de Dios llama tanto más la atención cuanto que no aparece en Juan de San Sansón (1571-1636), que fue el inspirador espiritual de esta rama del Carmelo[11]. En su instrucción a los novicios, evoca solo de modo muy sucinto la atención a la presencia de Dios[12], y le dedica en total apenas una quincena de líneas[13] en una obra de casi trescientas páginas.

François Malaval

En el transcurso de la segunda mitad del siglo XVII, la insistencia en la llamada universal a la contemplación produce un deslizamiento. Puesto que de la unión con Dios en la contemplación se deriva el acuerdo con la voluntad divina, la búsqueda de la contemplación va a pasar a ser la principal preocupación de algunos autores.

Y en esta búsqueda ocupa un lugar central el ejercicio de la presencia de Dios, puesto que designa al mismo tiempo la contemplación (para estos autores, contemplar significa ejercitar la presencia de Dios, entendiendo «ejercitar» en el sentido corriente durante el siglo XVII de «practicar») y el medio de disponerse a ella.

Un buen ejemplo de tal deslizamiento nos lo ofrece la obra de François Malaval, un clérigo ciego de Marsella que el año 1664 publica en París su *Práctica fácil para elevar el alma a la*

---

10. *Ibid.*, 458.
11. Ello ilustra bien la difusión del ejercicio en el transcurso del siglo XVII, ya que Juan de San Sansón escribió a comienzos de este, mientras que el directorio data de su segunda mitad. Por otra parte, es significativo observar que Juan no parece haber sido influido por Teresa de Ávila y, por tanto, por su método de oración. Cf. S.-P. Michel, *Jean de Saint-Samson*, en *Dictionnaire de spiritualité* VIII, col. 707.
12. Jean de Saint-Samson, *Le cabinet mystique, contenant les règles de la conduite des âmes religieuses*, Rennes 1655.
13. Cf. *ibid.*, 36-38.

contemplación[14]. En el prólogo, el autor expone su intención: «Tengo el propósito de enseñar la práctica de la contemplación, que tiende al conocimiento y a la unión con Dios por medio de la fe».

Toda la vida espiritual se centra en la búsqueda de la presencia de Dios: «A fuerza de recordar a Dios tan a menudo, se llega a recordarlo siempre; de modo que ya no es un recuerdo, sino una presencia continua, y un acto que no pasa nunca»[15].

Entonces esta presencia preserva al hombre espiritual y le permite hacer la voluntad de Dios en todo. Así, mientras que entre los carmelitas de Touraine el ejercicio era un elemento del camino de purificación de la voluntad, en Malaval es el camino que conduce a la contemplación, y esta última permite hacer la voluntad de Dios.

No obstante, Malaval tiene cuidado de precisar que el ejercicio por sí mismo puede procurar únicamente la contemplación adquirida, «que Dios vuelve infusa cuando quiere»[16].

Críticas de esta práctica

A pesar de su éxito, surgen algunos cuestionamientos de este ejercicio de la presencia de Dios. Autores como Bérulle y Condren temen que se trate de un juego de la imaginación, y subrayan que esta práctica no conviene a todos. Se preguntan también en qué medida puede legítimamente suprimir la etapa de la meditación. Además, recuerdan que hay que distinguir los dos sentidos posibles de la expresión «ejercicio de la presencia de Dios»: por un lado, designa el ejercicio ascético de volverse hacia Dios, presente por la fe; y, por otro, designa lo que hoy llamaríamos la experiencia de la presencia de Dios[17].

14. F. Malaval, *Pratique facile pour élever l'âme à la contemplation*. Citamos según la edición que vio la luz en París en 1670.

15. *Ibid.*, 35-36.

16. *Ibid.*, Prólogo.

17. Acerca de este doble sentido, cf. Marie-Laurent Huet, *L'exercice de la Présence de Dieu. À la lumière de l'expérience de Frère Laurent de la Résurrection*: Carmel (2004/1) 24-32.

Lo que está en juego es recordar, por una parte, que la experiencia de Dios no sustituye a la ascesis (contra el quietismo); y, por otra, que la unión con Dios no puede reducirse a lo que nosotros experimentamos.

A medida que el siglo avanza, y con él las ideas jansenistas, se produjo una crítica cada vez más fuerte contra los autores que, como Malaval, pretendían popularizar la experiencia mística. Así, la crítica que hace Pierre Nicole del ejercicio de la presencia en su *Tratado de la oración*, publicado en 1675, pretende denunciar una doctrina que considera a todos los fieles como místicos en potencia.

LA FORMACIÓN DEL HERMANO LORENZO Y SU ORIGINALIDAD

Un carmelita, maestro universal de novicios: Juan de Jesús María, El Calagurritano

A la luz de los elementos que acabamos de presentar, podemos ahora preguntarnos cuáles son las fuentes de Lorenzo. Para ello tenemos primero que examinar la formación que recibió, lo cual nos proporcionará informaciones preciosas.

En el siglo XVII el ejercicio de la presencia de Dios en medio de las ocupaciones materiales formaba parte de la formación de los frailes[18]. Esta formación se basaba principalmente en la enseñanza de Juan de Jesús María de San Pedro, El Calagurritano (1564-1625), llamado así por proceder de la ciudad española de Calahorra. Este personaje, central en los primeros tiempos de la reforma teresiana, había sido, tanto por sus numerosos escritos como por su enseñanza oral, uno de los eslabones por los que se transmitió la herencia de santa Teresa y de san Juan de la Cruz a las primeras generaciones de carmelitas

---

18. Así lo testimonia el P. Louis de Sainte-Thérèse, que en sus *Annales des Carmes déchaussés de France de 1608 à 1665*, afirma que los frailes «llevaban todos, bajo su escapulario, un pequeño rosario dividido en tres: en la primera parte indicaban sus faltas referentes al ejercicio de la presencia de Dios, es decir, cuántas veces habían estado por espacio de un cuarto de hora sin acordarse de Dios» (nueva edición, Laval 1981, 99).

franceses[19]. Su *Instrucción de novicios*[20] y la *Disciplina claustral* sirvieron de base para la formación desde el siglo XVII
hasta el concilio Vaticano II.

Pues bien, estas obras recomiendan vivamente el ejercicio
de la presencia de Dios. En la primera, el autor explica que
este ejercicio consiste en considerar a Dios concebido de una
manera intelectual o imaginaria, para producir afectos hacia
Él[21]. Este ejercicio debe practicarse de forma radical, de modo
que los frailes «no dirijan la mirada hacia ninguna otra criatura, cualquiera que sea, sin elevar su pensamiento y su corazón
a Dios»[22].

La *Disciplina claustral* se propone enseñar la actitud interior
que debe presidir todas las actividades de la vida del religioso.
En consecuencia, fuera de los oficios litúrgicos, esta actitud se
centra por entero en la presencia de Dios. Tras explicar en el
capítulo IX lo que es la presencia de Dios, siguiendo la misma
presentación que para la *Instrucción de novicios*, Juan de Jesús
María quiere ayudar al lector a practicarla proporcionándole
unos coloquios adaptados a cada acto de la vida conventual. El
religioso se acostumbrará así a dirigirse a Dios antes de cada
actividad, según la formula indicada, y se aplicará a pensar en
Dios de vez en cuando durante la actividad.

A continuación, el autor pasa revista a todos los oficios
conventuales para sugerir distintas maneras de vivirlos vueltos
hacia Dios. Además, anima explícitamente a los hermanos co-
cineros –como Lorenzo– a recurrir a la presencia de Dios y a
«tener en la cocina o cerca, un lugar al que retirarse después de
haber dispuesto las cosas necesarias, y allí, como a hurtadillas,
hacer oraciones breves que son muy agradables a Dios».

---

19. Sobre esto, cf. S. M. Morgain, *La transmisión de la doctrine théré-
sienne de l'Oraison mentale: les «Avis pour les spirituels» du P. Cyprien de la
Nativité de la Vierge (1605-1680)*: Bulletin de Littérature Ecclésiastique CIV/4
(Toulouse 2003) 323-356.

20. Las citas de esta obra corresponden a la traducción francesa: *Instruc-
tion des novices*, Malines 1882.

21. *Ibid.*, 363-364.

22. *Ibid.*, 364.

No habrá sido difícil reconocer en esta enseñanza de El Calagurritano los rasgos esenciales del ejercicio preconizado y vivido por Lorenzo. Baste señalar que Lorenzo parece practicar la presencia de manera intelectual —«Dios está ahí»— sin consideración de forma ni de figura, mientras que su maestro anima a formar imágenes en la imaginación. Asimismo, considera a Dios en todas sus perfecciones, mientras que a Juan de Jesús María parece atraerle más la persona de Cristo en su humanidad[23]. Por último, Lorenzo no hace referencia a unas fórmulas ya establecidas, sino que insiste en la gran libertad que debe tener el alma en las palabras que dirige a Dios, que está presente.

Si consideramos, por lo que parece, que Lorenzo no conoció el ejercicio de la presencia de Dios hasta después de haber entrado en el Carmelo, y que allí se le puso en contacto prolongado con la enseñanza de El Calagurritano, parece claro que de este último fue del que tomó el ejercicio de la práctica de la presencia de Dios.

Esto no excluye *a priori* que leyera a otros autores que trataran el mismo tema. Pero hay que señalar que en la enseñanza de Lorenzo sobre el ejercicio[24] no se encuentra nada que no estuviera ya en Juan de Jesús María. Además, se dedicó al ejercicio desde su noviciado, en los años 1640-1642, es decir, antes de que se publicaran otras obras que dedican gran espacio a dicho ejercicio[25].

En cuanto a la afinidad de las enseñanzas de Lorenzo y de los autores evocados más arriba, se explica suficientemente por la difusión de las obras de Teresa de Ávila, que había

23. En la *Instrucción de novicios* y en la *Disciplina claustral* los coloquios se dirigen generalmente al Señor y a la Virgen, lo que deja suponer que el «Señor» se refiere a Cristo en su humanidad.
24. Hablamos aquí del ejercicio. Por otra parte, su doctrina está muy marcada por Juan de la Cruz, y sugiere cierta influencia de Teresa de Ávila.
25. Con una excepción: la obra de Arias mencionada antes. Parece, no obstante, poco probable que Lorenzo la hubiera tenido en sus manos durante su formación. No hace ninguna alusión a tal libro que le hubiera sugerido la idea del ejercicio.

puesto en primer plano la cuestión tradicional de la presencia de Dios. Por tanto, opinamos que no hay que ver aquí una influencia determinante en Lorenzo de otros autores aparte de El Calagurritano. Lorenzo pudo conocer otras obras que trataran del ejercicio y convertirse en su promotor. No obstante, cuando escribió las cartas II y III en 1685, hacía mucho que su doctrina estaba fijada.

Aun tomando el ejercicio de Juan de Jesús María, Lorenzo puede ser considerado, en definitiva, uno de los promotores de la presencia de Dios en el siglo XVII.

La originalidad del hermano Lorenzo

A esta originalidad hay quizá que atribuir el gran equilibrio de la enseñanza de Lorenzo acerca del ejercicio. En efecto, la insistencia de Juan de Jesús María en «las aspiraciones», que son el objetivo del ejercicio, y la de Lorenzo en el acto de amor que no pasa, que es su término (*Dichos* III, p. 30), equilibran en ambos autores muy felizmente el ejercicio de la presencia de Dios en el sentido del amor.

Podemos percibir aquí la influencia de Teresa de Ávila sobre Juan de Jesús María. Se armonizan así la dimensión intelectual y la dimensión afectiva del ejercicio, sin que la una tienda a ocultar a la otra, cosa que al autor del *Directorio de los novicios del carmelo de Touraine* le resultaba más difícil hacer. Además, no se encuentra en Lorenzo ninguna huella de la Escuela abstracta, lo cual constituye un argumento suplementario en favor de la ausencia de fuentes distintas de Juan de Jesús María.

Por otra parte, a la inversa que Malaval, Lorenzo no busca la contemplación, la experiencia de Dios en cuanto tal, sino que desea convertirse en un adorador de la majestad divina (*Dichos* I, p. 25), ya que a Dios le «debemos por justicia todas nuestras palabras, pensamientos y acciones» (*ibid.*). El ejercicio se inscribe, pues, en la correspondencia con lo que Dios espera de nosotros, independientemente de sus dones (*Conver-*

saciones II, p. 85). Al ser el objetivo primero cumplir la voluntad de Dios, nuestro hermano lego no sigue el camino que conduce al quietismo.

Hay que señalar también el silencio que guardan sus escritos sobre los sacramentos o sobre la Virgen María, que facilitará ciertamente su transmisión en el protestantismo.

Por último, Lorenzo es el único que conocemos que presenta el ejercicio de la presencia de Dios bajo la forma de un testimonio vivido. El conjunto de los textos legados por el P. Joseph de Beaufort muestra cómo este ejercicio, practicado con perseverancia en una existencia corriente, condujo a Lorenzo a una elevada santidad.

Y quizá aquí, más allá de ciertas circunstancias históricas, es donde hay que buscar la explicación del hecho sorprendente de que, entre los múltiples cantores de la presencia de Dios del siglo XVII, Lorenzo sea el único que goza de perennidad. También en el siglo XXI.

ÍNDICE GENERAL